MIS RAICES

Norma Iris Pagan Morales

ISBN 978-1-959895-80-0 (paperback)
ISBN 978-1-959895-79-4 (ebook)

Printed in the United States of America

Reconocimiento

Este libro está dedicado a mi familia, especialmente a mí hermana Adelin Milagros Pagán Morales, mi padre Juan José Pagán Rodríguez. Ya ellos no están, pero están vivos en mi corazón.

Prologó

El propósito de escribir este libro es para recordarles a las personas de sus valores familiares

Los valores familiares consisten en ideas transmitidas de generación en generación. Se reduce a la filosofía de cómo desea vivir su vida familiar.

Recapitulación

La Familia

Estoy aquí sentada recordando mi infancia. Tengo muchos recuerdos agradables que quiero compartirlos con ustedes. Sólo puedo decir que debemos apreciaciar cada memoria que estamos con nuestros familiares.

Historias o Cuentos

Son recuerdo de mi vida y otros familiares. Todas las historias fueron importantes porque son verdaderas, aunque todos dicen diferentes versiones del mismo episodio.

Estas historias de la familia o cuentos son sobre lugares y eventos relacionados con los miembros de mi familia inmediata. Muchos de estos incidentes se cuentan generalmente durante reuniones familiares.

Indice

Capítulo 1

Ser Boricua

Boricua es aquel puertorriqueño que nació o se crió en la isla de Puerto Rico. También, la mayoría de los puertorriqueños-americanos residentes actualmente en los Estados Unidos, pertenecen a familias originalmente boricuas.

Boricua también puede proceder de Borinquén, antigua denominación indígena de la actual isla de Puerto Rico, que significa 'tierras del señor valiente o altivo'.

De Borinquén surge el gentilicio borinqueño. Boricua también puede ser usado como adjetivo, 'de aquí como el coquí, boricua. De manera que el sujeto que se describe en la oración es de gentilicio borinqueño.

En general se acepta que su origen surge de errores gramaticales por cartógrafos y geógrafos europeos durante el siglo XIX del topónimo Boriquen, término de origen indígena para nombrar a la isla de Puerto Rico desde comienzo de su colonización, posteriormente también conocida por Borinquen.

En castellano del siglo XVI era común abreviar el nombre indígena de la isla Boriquen como Boriquẽ. En la opinión de Alejandro Tapia y Rivera, 1854, y respaldada por la de Salvador Brau, 1894, los manuscritos de aquella época traen la dicción Boriquen en la forma

Boriquẽ, supliendo por vía de abreviatura, como en muchos otros términos semejantes, la n final con un tilde o virgulilla.

Por otra parte, la sílaba "cu" solían escribirla "qu", como sucede "quenta", "questa", etc. y de este modo era fácil explicar la transformación de Boriquen en Boricue o Boricua por cartógrafos y geógrafos no duchos en la ortografía del castellano del siglo XVI, escritura española en el siglo XVI.

Existen varios mapas y literatura geográfica, sobre todo francesa e inglesa, de finales del siglo XVIII y principios del siglo XIX para respaldar esta opinión. En varios de ellos a la isla se le da el nombre de Boiiqua "Porto Rico and Virgin Isles. Haiti, Hispaniola or St. Domingo".

West India Islands, Thompson, 1815, Borigua, "Geographical, Statistical and Historical Map of The West Indies", Lucas, 1822, o Boiicua Original de la "Proclama de Independencia" de Ducoudray Holstein en su tentativa de apoderarse de Puerto Rico, 1822 entre otros documentos históricos.

"Boricua" aparece por primera vez en 1844 en la traducción al castellano "Curso completo de Geografía Universal Antigua y Moderna", Madrid, 1844 del libro de geografía del francés Jean-Antoine Letronne "Cours élémentaire de géographie ancienne et moderne, rédigé sur un nouveau plan", documento de geografía muy popular en su época y que fue traducido a varios idiomas.

El geógrafo criollo Francisco Pastrana adopta en 1854 el término en su libro para enseñanza primaria "Catecismo de Geografía de la Isla de Puerto-Rico" popularizando desde ese momento "Boricua" como topónimo para la isla y más tarde como gentilicio para sus habitantes, asunto muy criticado en su época tanto por Tapia y Rivera como por Brau.

Capitulo 2

Puerto Rico

Puerto Rico es un territorio no incorporado de los Estados Unidos; es un Estado Libre Asociado con estatus de autogobierno. Está ubicado en América, al noreste del Caribe, al este de la isla de La Española y al oeste de las Islas Vírgenes de los Estados Unidos.

El grupo de Puerto Rico incluye la isla principal de Puerto Rico, 8896 km2, la más pequeña de las Antillas Mayores y un número de cayos e islas más pequeñas; de las cuales las más grandes son Vieques, 135 km2, Mona, 55 km2 y Culebra, 30 km2.

La isla de Puerto Rico tiene clima tropical y, a pesar de su tamaño, posee diversidad de ecosistemas: bosques secos y lluviosos, zona cárstica,3 áreas montañosas, ecosistemas costeros y marinos, así como ríos y lagos.

Puerto Rico fue un territorio de ultramar de la Corona española desde la llegada de Cristóbal Colón en 1493 hasta la promulgación de la Carta Autonómica de Puerto Rico en 1897, y administrativamente fue provincia española de 1897 hasta la guerra hispano-estadounidense de 1898.

Cuatro siglos de administración española dieron lugar a una cultura hispanoamericana, por lo que la lengua española y el catolicismo son sus elementos más distinguibles.

Los españoles construyeron numerosos fuertes, iglesias y otros edificios de uso público, comercial y residencial, 56 así como puertos, faros 7 y carreteras.

Durante más de tres siglos, Puerto Rico estuvo comunicada con la península ibérica por medio de convoyes de las Flotas de Indias que unían Cádiz y San Juan una vez al año.

Los puertorriqueños son ciudadanos estadounidenses desde 1917, cuando el Congreso de los Estados Unidos aprobó la Ley Jones.

Aunque su relación con Estados Unidos es similar a la de un estado de la Unión10 y se le permitió la redacción de una Constitución para el manejo de asuntos internos, está sujeto a los poderes plenos del Congreso estadounidense mediante la Cláusula Territorial.

Esto significa que el poder de ejercer su soberanía recae en el Congreso de los Estados Unidos. Los ciudadanos estadounidenses resi dentes en Puerto Rico no pueden votar en las elecciones presidenciales de los Estados Unidos, a menos que dispongan de residencia oficial en alguno de los cincuenta estados o en el Distrito de Columbia.

Si es así, pueden trasladarse a su lugar de residencia y votar presencialmente o utilizar el procedimiento de voto a distancia.

El nombre actual de Puerto Rico sugiere a las riquezas que partían del puerto de San Juan Bautista hacia la España peninsular.

Cristóbal Colón bautizó la isla con el nombre de San Juan Bautista. Los nativos de la tribu taína llamaban a la isla Borikén, que significa 'Tierra de Nuestro Altísimo y Bravo Señor', el cual evolucionó al nombre de "Borinquen" o "Borinquén", nombre que todavía se utiliza en referencia a Puerto Rico.

De allí surge el gentilicio "boricua". Los españoles denominaron a la capital Puerto Rico. Al pasar los años, se intercambiaron los nombres de manera que "Puerto Rico" pasó a ser San Juan, y San Juan Bautista pasó a ser Puerto Rico. En la actualidad, la capital es San Juan.

La historia de Puerto Rico comenzó con el asentamiento del pueblo indígena ortoiroide en el archipiélago de Puerto Rico entre los años 3000 y 2000 a. C. Otras tribus, como la de los indios arahuacos y saladoides, poblaron la isla entre los años 430 a. C. y 1000 d. C.

Probablemente, los primeros pobladores de importancia en Puerto Rico fueron los ciguayos.

En los siglos anteriores a la llegada de los europeos los taínos, en torno a los siglos x-siglo xi d. C. desplazaron o exterminaron a los ciguayos de sus lugares de origen, entre ellos Puerto Rico, quedando solo un reducto en el norte de la actual República Dominicana.

En el momento de la llegada de Cristóbal Colón al Nuevo Mundo en 1492, la única cultura indígena que moraba la isla era la taína.

Cristóbal Colón llegó a la isla de Puerto Rico el 19 de noviembre de 1493, en su segundo viaje de exploración. Algunos historiadores son de la opinión de que ya Martín Alonso Pinzón había llegado a la isla en 1492 durante el tiempo que estuvo separado de Colón.

Los taínos, habitantes nativos de la isla, llamaban a esta "Boriquén", origen del nombre "Borinquen", término que guarda cierta semejanza acústica con el nombre original, y que ha proporcionado el aún existente "boricua".

Según los historiadores, este nombre "Boriquén" se deriva del vocablo "buruquena", nombre de un pequeño camarón habitual del Caribe puertorriqueño.

Según algunos historiadores, los taínos constituían una cultura pacífica y hospitalaria, que contrasta con datos históricos por Scarrano, Waguenheim y otros historiadores que describen una cultura hospitalaria pero reservada.

Estos les entregaron a los españoles regalos de oro, metal que para ellos tenía un valor simplemente decorativo, como un collar de caracoles, mientras que para los habitantes de Europa, Asia y África era y sigue siendo muy preciado.

Existe la teoría de que ese comportamiento se debía a la creencia de que los españoles eran dioses por el color de su piel; pero la opinión moderna lo descarta como mito.

En realidad, lo que se desprende de los escritos de exploradores es la referencia a que fueron tratados como dioses por los taínos, lo cual es un enfoque propio de los conquistadores, pero no es un indicador objetivo de lo que los taínos realmente pensaban sobre ellos.

Hay que recordar que en ese momento no existían buenos traductores españoles capaces de profundizar en una conversación con los taínos y que los que existían se dejaron llevar por sus impresiones.

Otro incidente que vale la pena examinar es la muerte de Diego Salcedo, un español que mantuvo esclavizado a un grupo de taínos. Estos se rebelaron contra él por su trato cruel y lo ahogaron en un río.

Muchas personas creen que el acto se llevó a cabo para verificar su condición de dios, pero los académicos difieren. Un hecho utilizado para rebatir esta presunción es que en 1492 se construyó en la isla Española el Fortín de Navidad con los restos de la embarcación Santa María.

Cuando regresaron los españoles en 1493 encontraron que el fortín había sido destruido por el fuego y que los taínos habían matado a todos los españoles residentes en él.

Los expertos en el tema son de la opinión de que la muerte de Salcedo fue un acto premeditado del Cacique Agüeybaná, que representó el inicio de la rebelión indígena contra los españoles en las Antillas.

Juan Ponce de León, Santervás de Campos, Valladolid, España, fue el primer gobernador de Puerto Rico. Su nieto, Juan Ponce de León II, fue el primer gobernador de Puerto Rico nacido en la isla.

En 1508 Juan Ponce de León conquistó la isla y fundó el poblado de Cáparra. Ponce de León fue recibido por el cacique Agüeybaná y, rápidamente, tomó control de la isla, en contraste con el intento fallido de Vicente Yáñez Pinzón, quien fue declarado capitán general y corregidor y se limitó a desembarcar animales domésticos en el occidente de la isla.

Después de la muerte de Cristóbal Colón, quien había sido nombrado "Gobernador de las Indias" por la corona española, este título le fue negado a su hijo Diego Colón y nombró a Juan Ponce de León como primer gobernador oficial de la Isla de San Juan, Puerto Rico, y se fundó la Capitanía General de Puerto Rico en 1582.

Bajo el sistema de la encomienda, equivalente al sistema feudal europeo, se forzó a muchos taínos a abandonar sus aldeas para vivir en las haciendas. Muchos taínos murieron debido a que carecían de inmunidad contra las enfermedades traídas por los europeos, tales como el sarampión o la viruela.

Los pocos taínos que sobrevivieron fueron liberados cuando Fray Bartolomé de las Casas, sacerdote español, convenció a los Reyes Católicos de que eliminaran la encomienda.

Para llenar el vacío dejado por los vasallos liberados, los comerciantes comenzaron a traer a Puerto Rico esclavos africanos negros.

Los africanos, en su mayoría, fueron establecidos en la zona oriental de la Isla, en pueblos como Vieques, Loíza y Ponce. Debido a esta mezcla de razas que de igual manera ocurrió en Santo Domingo y Cuba, los borinqueños modernos describen a Puerto Rico como un país con ciudadanos con un mestizaje producto de tres razas, española, africana y taína, aún siendo la española la predominante.

Durante siglos, el Imperio británico disputó al español el dominio de esta isla. Puerto Rico fue posesión Virreinal de España durante más de cuatro siglos.

El 17 de abril de 1797, la flota de Ralph Abercromby invadió la isla con una fuerza estimada entre 6000 y 13 000 hombres, que incluía soldados alemanes, con una flota entre 60 a 64 barcos.

Los crueles combates continuaron durante los días siguientes con las tropas españolas.

Ambas partes sufrieron grandes pérdidas. El domingo 30 de abril los británicos cesaron su ataque y comenzaron su retirada de San Juan. El general gobernador Ramón de Castro, con 3000 hombres, resistió los ataques durante las dos semanas que duró el bloqueo, al cabo de los cuales los invasores fueron obligados a reembarcar.

Las fuerzas españolas les tomaron toda la artillería e impedimenta. En la batalla, destacó el capitán de ingenieros Ignacio Mascaró y Homar, que defendió el fuerte de San Antonio, clave para la defensa de la isla.

El movimiento conocido como Grito de Lares fue una insurrección armada liderada por Manuel Rojas que tuvo lugar el 23 de septiembre de 1868, coincidiendo con los sucesos de la Gloriosa en la península.

Controlado el alzamiento con cierta rapidez, la isla vivió varias reformas políticas hasta finales del siglo xix.15 La lucha por la autonomía llegó casi a alcanzar su propósito el 25 de noviembre de 1897 cuando se aprobó la Carta Autonómica que concedía un amplio autogobierno a la isla.

Los colonizadores de Estados Unidos entraron en la historia puertorriqueña al entrar en guerra con España e invadir y colonizar la Isla el 25 de julio de 1898 durante la guerra hispano-estadounidense.

El 10 de diciembre de 1898 se firmó el Tratado de París, por el que España era obligada a ceder Puerto Rico, Cuba, Filipinas y Guam a Estados Unidos, el 11 de abril de 1899.

En 1900, la Ley Foraker creó un gobierno civil que reemplazó al gobierno militar de ocupación. Puerto Rico fue administrado por el Departamento del Interior de los Estados Unidos, y el gobernador era nombrado por el presidente de los Estados Unidos.

Este tipo de gobierno se basó en un modelo republicano, con tres ramas: el Poder Ejecutivo, Gobernador, el Poder Legislativo, Asamblea Legislativa, y el Poder Judicial, Tribunal General de Justicia.

Cabe mencionar que la Asamblea Legislativa constaba de dos Cámaras: por un lado, el Consejo Ejecutivo constituido por los secretarios del Gobernador; y, por el otro, una Cámara de delegados compuesta de treinta y cinco miembros elegidos cada dos años por los electores capacitados.

Un dato importante es la creación del cargo de Comisionado Residente, representante de la Isla en el Congreso de Estados Unidos, pero sin derecho a votar en decisión alguna de dicho cuerpo.

En 1917, con la Ley Jones, se les otorgó a los puertorriqueños la ciudadanía estadounidense, se eliminó el Consejo Ejecutivo como Cámara Legislativa y se dividió a sus funcionarios para formar distintos Departamentos Independientes bajo el poder ejecutivo.

Estos fueron: el Departamento de Justicia, liderado por el procurador general; el Departamento de Hacienda, liderado por el tesorero; el Departamento del Interior, dirigido por el Comisionado del

Interior; el Departamento de Instrucción, liderado por el Comisionado de Instrucción; el Departamento de Agricultura y Comercio, dirigido por el

Comisionado de Agricultura y Comercio; el Departamento del Trabajo, dirigido por el Comisionado del Trabajo; y el Departamento de Salud, liderado por el Comisionado de Salud.

En sustitución del Consejo Ejecutivo se creó el Senado de Puerto Rico, que se compondría de diecinueve miembros elegidos por los electores capacitados para servir por períodos de cuatro años.

Además, a estos se añaden siete distritos senatoriales representados por dos senadores, más cinco senadores electos por acumulación. Este Senado ejercería todos los poderes y funciones puramente legislativos que hasta ese momento había ejercido el Consejo Ejecutivo, incluyendo la confirmación del nombramiento de Gobernador.

En 1922 la Corte Suprema de los Estados Unidos, en el caso Balzac v. Porto Rico, 258 U.S. 298, U.S. 1922, interpretó que la Ley Jones no expresaba que Puerto Rico fuese un territorio incorporado, frase que describe a aquellos territorios en proceso de incorporación e integración a Estados Unidos como un estado adicional de ese país.

Sin embargo, en Consejo de Salud v. Rullan, el juez federal del distrito de Puerto Rico Gustavo Gelpi dijo "Que quede claro. La corte, hoy, de ninguna manera está tratando de anular los "Casos Insulares" tal y como se aplican a los territorios de EE. UU.

Solo la Corte Suprema de los Estados Unidos puede hacerlo. Esta corte, más bien, mantiene hoy que, en el caso particular de Puerto Rico, ha tenido lugar una gran evolución constitucional basada en una anexión continua y repetida por parte del Congreso.

Debido a ello, el territorio ha evolucionado de no incorporado a incorporado.

En 1946 la presión para conceder poderes negados hasta entonces durante casi medio siglo a los portorriqueños comenzó a dar resultados con el nombramiento por parte del presidente Truman del Comisionado

Residente Jesús T. Piñero Jiménez para el puesto de Gobernador de Puerto Rico.

Se convirtió así Jesús T. Piñero en el primer puertorriqueño que ocupó en propiedad el más alto puesto político en toda la historia de la Isla.

En 1947 el Congreso aprobó la ley que permite a los puertorriqueños elegir a su gobernante mediante voto electoral por un término de cuatro años.

En 1948, Luis Muñoz Marín, fundador del Partido Popular Democrático e hijo de Luis Muñoz Rivera, ganó las primeras elecciones para gobernador en la historia de Puerto Rico.

El 3 de julio de 1950 fue aprobada por el Congreso de los Estados Unidos la Ley Pública 600, que permite a la Asamblea Legislativa formar una Asamblea Constituyente para la creación de la Constitución de Puerto Rico, sujeta a posterior aprobación por parte del presidente de los Estados Unidos y el Congreso.

Esta ley deja intacta la Ley Jones y la bautiza como Ley de Relaciones Federales, eliminando solo las disposiciones que serían incluidas en el momento en que la Constitución de Puerto Rico entrase en vigor.

El 30 de octubre de 1950 tuvo lugar la Insurrección Nacionalista, en respuesta al proyecto del "Estado Libre Asociado". Blanca Canales proclamó la República de Puerto Rico en el Grito de Jayuya y se dieron combates en diferentes puntos del País.

El pueblo de Jayuya fue bombardeado desde el aire, hubo matanzas en Utuado y La Fortaleza, residencia del Gobernador, fue atacada a tiros.

En 1954, para dejar claro que la insurrección independentista no era un problema interno de los puertorriqueños, como decía el gobierno colonizador estadounidense, los nacionalistas Lolita Lebrón, Rafael Cancel Miranda, Irving Flores y Andrés Figueroa Cordero protestaronen el Congreso estadounidense, Lolita dando tiros al aire a la Casa Blair.

Todos los atacantes fueron arrestados, incluyendo a Pedro Albizu Campos y cumplieron largas condenas en cárceles federales por no disculparse por haber realizado dicho acto.

Los opositores al Estado Libre Asociado y muchos académicos reclaman que el mayor efecto de esta ley fue cambiar el nombre de la ley que regía a Puerto Rico y perpetuar la alegada relación subordinada, puesto que erróneamente se piensa que en el año 1952 es cuando se obtiene la elección del gobernador por voto popular y el sistema de gobierno republicano, cosas otorgadas por las leyes anteriormente reseñadas.

Los defensores del Estado Libre Asociado reclaman que se dejó de ser provincia española por medio de un "pacto bilateral", por haberse definido la relación de Estados Unidos con Puerto Rico como una asociación in a nature of a compact, término no definido bajo el Derecho Internacional.

En 1952 Muñoz Marín indujo a Puerto Rico a obtener el estatus de Estado Libre Asociado, bajo su propia Constitución, que es la situación política actual en la Isla.

Sin embargo, este cambio en el estatus territorial no significa que a Puerto Rico no le continúe aplicando la cláusula territorial de la Constitución de EE. UU.

Español e inglés han sido los idiomas oficiales de Puerto Rico, hecho que se extendió tras la firma de la Ley del 5 de enero de 1993. Para finales de septiembre de 2017, Puerto Rico fue impactado por el huracán María.

Puerto Rico está dividido administrativamente en setenta y ocho municipios; cada municipio elige un alcalde y una Legislatura Municipal por un término de cuatro años.

Las ciudades principales son San Juan, capital, Bayamón, Carolina, Ponce, Caguas, Guaynabo, Arecibo, Toa Baja, Mayagüez y Trujillo Alto, todos ellos con más de 75 000 habitantes.

Puerto Rico posee dos islas municipio, Vieques y Culebra, que están localizadas al este de la isla grande. Los municipios están agrupados en ocho distritos senatoriales y 40 distritos representativos, que no tienen funciones administrativas, y sirven como demarcaciones geográficas de representación de la población que reside en cada distrito, ante la Asamblea Legislativa de Puerto Rico.

Cada distrito senatorial es representado ante la Legislatura del país por dos senadores y cada distrito representativo por un representante. El tamaño de estos es alterado en función a los cambios poblacionales registrados en los censos decenales.

Asimismo, algunas agencias del gobierno dividen el país en regiones o zonas, y la cantidad de municipios y extensión que abarcan varía dependiendo de la agencia y de las funciones que ejercen.

Por ejemplo, una región educativa no abarca la zona geográfica ni contiene necesariamente los municipios que una región de Salud o una región del Departamento de Transportación y Obras Públicas.

Puerto Rico es un territorio no incorporado de Estados Unidos. Esto significa que Puerto Rico pertenece a Estados Unidos, según los Casos insulares resueltos por la Corte Suprema de Justicia de Estados Unidos, los derechos constitucionales no son extendidos automáticamente a todos los territorios bajo el control estadounidense.

Puerto Rico y sus ciudadanos tienen derecho a la protección de la Constitución de Estados Unidos.

La relación del gobierno de Puerto Rico con el gobierno federal de Estados Unidos es para muchos comparable a la relación del gobierno federal estadounidense con sus estados.

Todo lo relacionado con la moneda, la defensa, las relaciones exteriores y la mayor parte del comercio entre estados cae bajo la jurisdicción del gobierno federal. El gobierno de Puerto Rico tiene autonomía fiscal y el derecho de cobrar impuestos locales.

Los puertorriqueños son ciudadanos de Estados Unidos con todos los derechos y deberes que confiere esa ciudadanía, contribuyen al seguro social estadounidense, pero como las elecciones presidenciales solo se celebran en estados y territorios incorporados, los residentes de Puerto Rico no participan en estas, a menos que tengan residencia legal en un estado o territorio incorporado.

El Comisionado Residente es el único representante del gobierno local en el Congreso de Estados Unidos. El Comisionado Residente tiene derecho a voz, pero no a voto en el Congreso de Estados Unidos, excepto cuando el mismo Congreso le concede voto en el "comité conjunto".

Cuando esto ocurre, el Comisionado Residente puede votar, pero solo cuando su voto no sea determinante en el tema.

El gobierno del Estado Libre Asociado de Puerto Rico está dividido en tres ramas: la Rama Ejecutiva, la Rama Legislativa dividida en la Cámara de Representantes y el Senado y la Rama Judicial.

La Rama Ejecutiva está representada y dirigida por el gobernador. El gobernador es electo por voto directo en una elección general cada cuatro años y designa, con el consejo y consentimiento del Senado, a los miembros de su gabinete, el cual está formado por los secretarios de los quince departamentos.

El poder legislativo de la Isla recae en la Asamblea Legislativa, una legislatura bicameral compuesta del Senado y de la Cámara de Representantes.

El Senado cuenta con veintisiete, (27), miembros en total, dos, (2), por cada distrito electoral y once, 11, por acumulación basados en la proporción de la población. La Cámara de Representantes cuenta con 51 miembros en total, uno (1) para cada distrito electoral y once (11) por acumulación.

En caso de que el Gobernador y la Asamblea Legislativa sean del mismo partido y en esta estén dos tercios o más de los legisladores, se le otorga hasta un máximo constitucional de nueve (9) puestos en el Senado y diecisiete (17) en la Cámara de Representantes adicionales a los partidos de minoría.

En 2005 hubo un referéndum en el que participó solo el 22,6 % (553 955) de los electores inscritos para votar (2 453 292) y de ellos el 83 % (464 010) de los electores votaron porque se convierta esta Asamblea en unicameral, y en enero de 2007 el Senado aprobó un proyecto de ley para iniciar este proceso.

El Poder Judicial es la rama de Gobierno responsable del cumplimiento de la Constitución y la administración de la Justicia.

Dirigido por el Tribunal Supremo de Puerto Rico, el sistema judicial está compuesto por tres instancias.

El Tribunal de Primera Instancia, TPI, está dividido en la Sala Superior y la Sala Municipal con diferentes áreas de competencia.

El TPI tiene trece distritos judiciales San Juan, Bayamón, Carolina, Caguas, Arecibo, Utuado, Aguadilla, Mayagüez, Ponce, Aibonito, Guayama, Humacao y Fajardo.

La parte insatisfecha con las decisiones del TPI puede solicitar una apelación a la segunda instancia, conocida como Tribunal de Apelaciones, que se constituye por paneles. La última instancia es el Tribunal Supremo, el cual es el único tribunal constitucional.

El Tribunal Supremo está integrado por el juez presidente y seis jueces asociados. Estos son nombrados por el Gobernador con el consejo y consentimiento del Senado.

Dichos nombramientos son de por vida, hasta la edad del retiro obligatorio de setenta, 70, años. El número de jueces solo podrá ser variado por ley, a solicitud del propio Tribunal Supremo.

El expresidente Barack Obama conversa con el exgobernador Alejandro García Padilla en un café de la ciudad de San Juan.

En Puerto Rico existen cinco partidos políticos principales: el Partido Popular Democrático, PPD, el Partido Nuevo Progresista, PNP, el Partido Independentista Puertorriqueño, PIP, Movimiento Victoria Ciudadana, MVC, y Proyecto Dignidad, PD.

Todos los oficiales electos en Puerto Rico sirven por un período de cuatro años. Existen también varios grupos políticos dedicados a la lucha por la independencia, entre ellos el Movimiento Socialista de Trabajadores de Puerto Rico, fundado en 1982 mediante la fusión del Movimiento Socialista Popular y el Partido Socialista Revolucionario, posteriormente Liga Internacionalista de los Trabajadores; el Partido Nacionalista de Puerto Rico, que no cree en la participación en las elecciones mientras Puerto Rico sea una colonia, y el Movimiento In dependentista Nacional Hostosiano, movimiento que resulta de la fusión del Congreso Nacional Hostosiano y del Nuevo Movimiento Independentista Puertorriqueño.

Igualmente, el Movimiento al Socialismo, MAS, que fue fundado en el 2008 producto de la fusión del Partido Revolucionario de los Trabajadores, PRT-Macheteros, la Juventud de Izquierda Revolucionaria, JIR, el Taller de Formación Política, TFP y el Proyecto de Trabajo Político, PTP.

Así mismo, el nuevo y creciente, Movimiento de Reunificación de Puerto Rico con España, MRE, crítico con el actual statu quo de la isla y la tergiversación de la guerra de 1898, se basa en los vínculos históricos, culturales y lingüísticos para reclamar la integración de la isla con España, como decimoctava comunidad autónoma.

El debate sobre el estatus político de Puerto Rico ha sido continuo en muchas esferas locales, federales, Estados Unidos, e internacionales, Naciones Unidas.

En 2007, un comité de trabajo de Casa Blanca concluyó que Puerto Rico continúa totalmente sujeto a la autoridad del Congreso de EE. UU. bajo las cláusulas territoriales.

El Partido Popular Democrático, fundador del «Estado Libre Asociado», protesta esta opinión de la Casa Blanca.

Sin embargo, las restricciones legales relacionadas al estatus político de Puerto Rico no se transfieren al ciudadano, ya que limitan solo al territorio.

De esta manera, cualquier ciudadano de Estados Unidos, aun los nacidos en Puerto Rico pueden votar por el presidente y el congreso si no residen en Puerto Rico; ningún ciudadano podrá votar por cargos electivos federales desde el territorio comprendido por esta isla.

Por esta razón varias personas defienden el argumento de que Estados Unidos sigue tratando a Puerto Rico como una colonia.

En octubre de 2011, el gobernador Luis Fortuño estableció el 12 de agosto de 2012 para celebrar la primera parte de un plebiscito sobre el estatus de dos pasos. Si una segunda votación es necesaria, se llevará a cabo en el mismo día de las elecciones generales el 6 de noviembre de 2012, agregó.

El primer referéndum será pedir a los votantes si quieren mantener el actual Estado Libre Asociado bajo la cláusula territorial de la Constitución de los EE. UU. o si prefieren una opción no territorial no colonial.

Si hay más votantes que favorecen la opción no territorial, una segunda votación se celebrará entre las tres opciones de estatus no territoriales no coloniales: Estadidad, independencia o la libre asociación.

El proyecto de ley fue evaluado por la Asamblea Legislativa de Puerto Rico, donde fue enmendado para hacer ambas preguntas en una misma papeleta el 6 de noviembre de 2012.

El No al estatus territorial, colonial, actual ganó la consulta mientras que la segunda pregunta, la estadidad, obtuvo la mayoría. La opción del No al statu quo, Estado Libre Asociado Colonial, obtendría cerca del 54 % del favor del pueblo.

La estadidad ganó con más del 61 % de los votos contados, lo cual ha provocado controversia por la presencia de una cantidad grande de papeletas en blanco e inválidas. Sin embargo, estas se descartan para calcular qué alternativa ganó, ya que no se consideran votos válidos bajo el Código Electoral de Puerto Rico vigente.

El 11 de junio de 2017, un nuevo plebiscito no vinculante fue realizado, obteniendo la victoria, con un 97 % de los votos, la estadidad para Puerto Rico.

La opción que proponía la independencia total de Estados Unidos solo logró un 1,5 % de respaldo y el resultado para los que proponían mantener el estatus actual fue de 1,32 %.

En la consulta solo participó un 22 % de los 2 260 804 electores registrados; teniendo en consideración que las listas están alteradas por la decisión federal sobre el asunto de mantener los electores activos, aunque no han participado en las citas electorales previas manteniendo electores que votaron en las pasadas 2 elecciones generales.

La Ley 600, P.L. 81-600, que fue aprobada por el Congreso de Estados Unidos, autorizó al pueblo de Puerto Rico a desarrollar su propia

Constitución. Esta ley le otorgó al pueblo el control de las actividades de gobierno interno.

Sin embargo, esta ley dejó intactos todos los artículos bajo la Ley Jones y la Ley Foraker, al igual que el Tratado de París.

Después de que la Asamblea Constituyente redactara la Constitución, el pueblo la ratificó mediante un referéndum. El Congreso de los Estados Unidos, siguiendo el procedimiento requerido por la Ley de Relaciones Federales, aprobó la Constitución, que entró en vigor el 28 de julio de 1952.

La Constitución incluye una moderna Carta de Derechos que sigue la tradición de la Carta de Derechos Humanos de las Naciones Unidas. De los veinte artículos originales, sin embargo, uno fue enmendado de acuerdo con la orden del Congreso de limitar la educación secundaria gratuita, y otro artículo fue eliminado por el Congreso sin la aprobación de los puertorriqueños.

La forma republicana de gobierno imita la Constitución de los Estados Unidos. Un gobernador dirige la rama ejecutiva mientras dos cámaras legislativas, el Senado y la Cámara de Representantes, componen la rama legislativa.

El Tribunal Supremo de Puerto Rico es el último tribunal de apelaciones en la mayoría de los casos judiciales, pero sus decisiones pueden ser recurridas ante la Corte Suprema de los Estados Unidos.

Tan solo en 1993 el Undécimo Circuito del Tribunal de Circuito de Apelaciones de los Estados Unidos determinó que la decisión del Congreso de permitir un gobierno interno en Puerto Rico no invalidó la de la jurisdicción de la Cláusula Territorial de la Constitución de los Estados Unidos.

El tribunal concluyó que no ha habido ninguna alteración fundamental en las relaciones de Puerto Rico con los Estados Unidos; Puerto Rico continúa siendo constitucionalmente un territorio no incorporado, sin soberanía separada.

El tribunal estableció que "el Congreso puede eliminar unilateralmente la Constitución de Puerto Rico o la Ley de Relaciones

Federales y reemplazarlas con cualquier ley o regulación que considere oportuna.

A pesar de la aprobación de la Ley de Relaciones Federales y de la Constitución de Puerto Rico, los tribunales de Puerto Rico continúan obteniendo toda su autoridad del Congreso de los Estados Unidos."

No obstante, la mayoría de los observadores políticos locales e internacionales está de acuerdo en que la condición política de Puerto Rico es extremadamente estable, y que ningún miembro del Congreso estadounidense tiene la más mínima intención de tratar de modificar unilateralmente la Carta Magna que rige las vidas de más de cuatro millones de ciudadanos y residentes de la Isla.

El gobierno está compuesto por la rama ejecutiva, judicial y legislativa. Esta última consiste en dos cámaras: la Cámara del Senado y la Cámara de Representantes. La rama legislativa al estar compuesta por la Cámara de Representantes y el Senado es un sistema bicameral, dos cámaras.

La bicameralidad fue originada en Inglaterra en el siglo xiii. Fue establecida ya que era indispensable reconocer la división de las clases socioeconómicas. Se tenía una cámara en representación de la nobleza y clero y otra cámara en representación a los burgueses y los caballeros.

Ya que había dos cámaras que cumplían con las necesidades de las diferentes clases sociales del país, existía un equilibrio social, el cual le era muy conveniente al reino británico.

La bicameralidad fue adoptada por los Estados Unidos de América en el siglo XVIII, aunque con unos cambios. Las cámaras no representarían los niveles sociales, sino que una cámara, Senado, representaría a los estados y otra, representantes, representaría los representantes de números similares de población.

Antes de que Estados Unidos adoptara la bicameralidad, esta fue adoptada por Puerto Rico a finales del dominio español bajo la Carta Autonómica. Según la Ley Jones y más luego la Constitución de Puerto Rico, el bicameralismo se estableció para tener el beneficio de un doble examen a las medidas tomadas por el poder legislativo, para evitar disputas y bajo la idea de que trabajo doble afina el mejor criterio legislativo, Informe de la Comisión de la Rama Legislativa, 4 Diario de Sesiones de la Convención Constituyente 2579, 1961.

Otra razón es que este sistema bicameral evitaría tropiezos políticos. Finalmente, y la más preponderante de todas, se quería evitar conflicto cuando se redactará y se enviará la Constitución de Puerto Rico al Congreso de los Estados Unidos, Luis Pérez Bonilla, Conveniencia de una asamblea legislativa unicameral para Puerto Rico, LIV Rev. Jur. U.P.R. 711, 723, 1985.

Actualmente el gobierno de Puerto Rico tiene en su poder legislativo al Senado y la cámara de Representantes. Desde que se implantó el sistema bicameral, se ha estado estudiando el mismo a fondo.

Las ventajas presentadas por el gobierno puertorriqueño son las siguientes: la cámara nivela el control de los otros dos cuerpos del gobierno, Rama Judicial y Rama Ejecutiva, y así se evitan los excesos.

Al tener dos cámaras se permite establecer diversos esquemas representativos y al tener tantas personas se 'reduce' el error sistemático.

Hace ya un tiempo funcionarios del gobierno puertorriqueño han presentado el sistema unicameral ante el pueblo ciudadano.

La bandera de Puerto Rico flotando junto a la de Estados Unidos en el fuerte de San Felipe del Morro, Viejo San Juan.

Las ventajas, después de mucha consideración, se han argumentado y las mismas le han dado auge a la posibilidad del cambio.

Las ventajas de la unicameralidad son: un solo cuerpo legislativo facilita que se llegue a un consenso general, economiza tiempo y recursos económicos ya que la realidad de gobierno de Puerto Rico es que la rama legislativa es sumamente numerosa lo cual equivale a muchos gastos.

Continuando, la concentración de un solo cuerpo legislativo permite localizar y maximizar los recursos económicos de investigación, se genera un sentido de responsabilidad ya que solo hay un solo cuerpo legislativo y finalmente el análisis de otras constituciones del mundo lleva a la conclusión de que en realidad ha tenido éxito este sistema cameral.

Se ha rechazado la unicameralidad ya que se ha querido imitar el sistema de Estados Unidos y porque en realidad no es conveniente para los integrantes del poder legislativo que se reduzca el tamaño de este porque resultaría en reducción de escaños.

El 17 de marzo de 2003, Luis Raúl Torres Cruz expresó que «la unicameralidad cumple con algunos de los objetivos que tiene la legislatura: reducir gastos, mejorar la calidad del trabajo legislativo y mejorar el balance entre los poderes del Estado, en particular por el fortalecimiento de una legislatura unicameral frente al poder ejecutivo».

Se ha presentado una propuesta para enmendar la Constitución de Puerto Rico para cambiar su poder legislativo a una sola cámara ya que el sistema bicameral se ha visto defectuoso.

En Puerto Rico en las últimas décadas se ha revelado una gran deficiencia de este ya que el pueblo ha elegido al gobierno con brechas mucho más amplias mucha diferencia y esto ha desembocado en una abrumadora mayoría que ocupa el poder legislativo.

Con estas deficiencias el Partido Independentista de Puerto Rico más que cualquier otro ha pedido que se haga un referéndum para que el pueblo decida si quiere continuar con la bicameralidad, la cual para muchos ha presentado defectos crasos.

En las siguientes fechas se han hecho referéndums para saber el sentir del pueblo respecto la bicameralidad o unicameralidad: 23 de septiembre de 2004, 25 de agosto de 2005 y 10 de julio de 2007.

El referéndum bajo la Ley Núm. 477, más conocida como la Ley del Referéndum sobre el Sistema Cameral de la Asamblea Legislativa, establece que si el pueblo de Puerto Rico expresa su voluntad a favor de una propuesta por más de un 50 % se debe validar la votación.

Ante el referéndum del 25 de agosto de 2005, el Dr. Luis Roberto Piñero González II, presidente de Independentistas Pro-Unicameralidad, compareció ante el pueblo puertorriqueño, dando un mensaje por escrito el cual establecía su posición ante la unicameralidad como la mejor opción para el poder legislativo.

El pasado 10 de julio de 2005 el electorado puertorriqueño se expresó en el referéndum, contundentemente a favor de sustituir el actual sistema legislativo bicameral por uno unicameral.

Según los resultados del referéndum sobre el Sistema Cameral de 2005, la opción uno (1) que representa los votos a favor de que se cambie la Asamblea Legislativa a una sola cámara, unicameralidad, recibió el 83,8 % de los votos emitidos.

La Comisión Estatal de Elecciones certificó que luego del referéndum del 10 de julio de 2005 se favoreció el Sistema Unicameral.

Todavía está bajo análisis y debate la decisión del electorado ya que significa que se deben preparar unas votaciones para que el pueblo escoja si quiere enmendar la Constitución y establecer la unicameralidad o no.

Actualmente, la isla cuenta con cinco formaciones políticas reconocidas para los comicios. El Partido Popular Democrático, PPD, que defiende el Estado Libre Asociado y la Libre Asociación como opción política; el Partido Nuevo Progresista, PNP, que promueve la integración plena como estado 51 de la Unión Americana; el Partido Independentista Puertorriqueño, PIP, que promulga la independencia, el Movimiento Victoria Ciudadana, MVC, y Proyecto Dignidad, los cuales no tienen planteamientos particulares acerca del estatus político de la Isla.

En Puerto Rico también tienen presencia los dos partidos nacionales de Estados Unidos: el Partido Republicano de los Estados Unidos y el Partido Demócrata de los Estados Unidos, que promueven las primarias de esos partidos en Puerto Rico y colaboran en la recaudación de fondos.

Por otra parte, el Partido Nuevo Progresista surgió como una ruptura dentro del Partido Republicano local. Tiene como ideología el conseguir la estadidad para Puerto Rico.

En la actualidad cuenta con el respaldo del 47 % del voto popular. El mismo se ha destacado por grandes reformas en el sistema de transporte público y salud las cuales aún se encuentran en controversia debido al alto coste y a la deficiencia de los servicios de salud.

El Partido Popular Democrático se destaca por ser el partido activo más fuerte y antiguo de Puerto Rico. Fue fundado por disidentes del Partido Liberal.

Aunque en un principio su filosofía política defendía la independencia, posteriormente cambió al autonomismo al entender que esta opción daba mayores beneficios a la población de la Isla sin la necesidad de integrarse como Estado en EE. UU. En la actualidad representa al 48 % de la población de la Isla.

El Partido Independentista Puertorriqueño es también uno de los más antiguos. Surgió cuando el Partido Popular comenzó a defender el autonomismo, entonces parte de sus miembros fundaron el Partido Independentista que, como su nombre indica, promueve la independencia para Puerto Rico.

Aunque en los años 50 lograron un 20 % del apoyo del pueblo, su apoyo ha disminuido al grado de que perdió su franquicia en elecciones recientes incluyendo las elecciones de 2004, 2008, 2012 y 2016. Actualmente solo cuenta con el 2,5 % del apoyo del pueblo.

Puerto Rico es un archipiélago que forma parte del archipiélago mayor de las Antillas Mayores. El archipiélago de Puerto Rico está formado por la isla principal del mismo nombre y otras islas, islotes y cayos, entre los que se encuentran las islas de Mona, Vieques, Culebra, Desecheo y Caja de Muertos.

Localización: Entre el mar Caribe y el océano Atlántico. Al este de la República Dominicana, al oeste de las Islas Vírgenes Británicas y al noroeste de las Islas Vírgenes de los Estados Unidos.

La isla mide 111 millas de largo, de este a oeste, y 39,5 millas de ancho, de norte a sur.

Puerto Rico se compone de rocas volcánicas, revisar, y plutónicas de los períodos Cretácico y Eoceno cubiertas por rocas sedimentarias del Oligoceno y recientes.

La mayoría de las cuevas aparecen en el área kárstica del norte en las rocas del Oligoceno y recientes. Las rocas más antiguas de la isla tienen alrededor de 190 millones de años y están localizadas en sierra Bermeja, al suroeste.

Estas rocas representan parte de la corteza oceánica y podrían haberse trasladado desde el océano Pacífico hasta su lugar actual en el Caribe.

Puerto Rico se halla en la zona de contacto entre las placas tectónicas del Caribe y de Norteamérica. Esto quiere decir que la isla actualmente está siendo deformada por los esfuerzos creados en dicha zona.

Dichos esfuerzos pueden causar terremotos y maremotos. Estos eventos sísmicos, acompañados de deslizamientos de tierras, representan algunos de los más peligrosos desastres geológicos en la isla y en el noreste del Caribe.

Uno de los más graves fue el terremoto de San Fermín de 1918, llamado así por ocurrir en el natalicio del santo católico Fermín de Uzès.

Puerto Rico tiene un clima tropical con una temperatura promedio mínima de 19,4 grados Celsius, 66,9 °F, y la máxima de 29,7 grados Celsius, 85,5 °F.

La precipitación promedio es de 1686,6 mm, 66,4 plg, al año. El clima de Puerto Rico en la clasificación climática de Köppen es de selva tropical. Las temperaturas son de cálidas a calientes durante todo el año, con un promedio de cerca de 29 °C o 85 °F.

La temperatura en las elevaciones más baja es de 21 °C (70 °F). En las montañas la temperatura es más baja.

Entre la estación seca y la húmeda, hay un cambio de temperatura de alrededor de 6 tiene una temporada de lluvias que se extiende de abril a noviembre.

Las montañas de la Cordillera Central son la principal causa de las variaciones de temperatura y de las precipitaciones que se producen en distancias muy cortas.

Las montañas también pueden causar una amplia variación en la velocidad y dirección de los vientos locales debido a sus efectos de refugio y canalización que se suman al cambio climático. La isla es especialmente susceptible de sufrir la presencia de huracanes y ciclones.

La isla tiene una temperatura media de 28 °C, 82,4 °F, durante todo el año, con una temperatura mínima media de 19 °C, 66,9 °F, y máxima de 30 °C, 85,4 °F.

Los cambios de temperatura diarios estacionales son bastante pequeños en las tierras bajas y en las zonas costeras. Las temperaturas en el sur suelen ser unos pocos grados más altos que el norte y las temperaturas en las montañas centrales del interior son siempre más frescas que las del resto de la isla.

Entre la estación seca y la húmeda, hay un cambio de temperatura de alrededor de 3,3 °C, o 6 °F. Este cambio se debe principalmente a las aguas cálidas del océano Atlántico tropical, que modifican significativamente el aire más frío que entra desde el norte y el noroeste.

Las temperaturas de las aguas costeras alrededor de los años son de alrededor de 24 °C, 75 °F, en febrero a 29 °C, 85 °F, en agosto. La temperatura más alta jamás registrada fue de 37 °C, 99 °F, en Arecibo,23 mientras que la temperatura más baja jamás registrada fue de 4 °C, 40 °F, en las montañas de Adjuntas, Aibonito y Corozal. La precipitación anual promedio es de 66 pulgadas, 1676 mm.

El cambio climático en Puerto Rico abarca los efectos del cambio climático, atribuido al aumento del dióxido de carbono atmosférico provocado por el hombre, en el territorio estadounidense de Puerto Rico.

La Agencia de Protección Ambiental de Estados Unidos informa: "El clima de Puerto Rico está cambiando. El Estado Libre Asociado se ha calentado más de un grado, F, desde mediados del siglo xx, y las aguas circundantes se han calentado casi dos grados desde 1901.

El mar está subiendo aproximadamente una pulgada cada 15 años, y las tormentas fuertes son cada vez más severas.

En las próximas décadas, es probable que el aumento de las temperaturas incremente los daños causados por las tormentas, dañe significativamente los arrecifes de coral y aumente la frecuencia de los días de calor desagradable.

Un informe de 2019 afirmaba que Puerto Rico "se ve afectado por el cambio climático más que cualquier otro lugar del mundo".

Puerto Rico utiliza la hora estándar del Atlántico todo el año; esto es, UTC-04:00. El horario de verano no se usa en el archipiélago porque no hay mucha diferencia entre las puestas y salidas del sol a lo largo del año.

La puesta de sol varía entre las 17:40, 5:40 p. m., en invierno y las 19:10, 7:10 p. m., en verano, mientras que la salida del sol varía entre las 07:00 en invierno y las 05:30 en verano.

La economía de Puerto Rico es la más competitiva y, en términos nominales, la más grande de la región Centroamericana y del Caribe y una de las más grandes de Latinoamérica pese a su tamaño poblacional.

Según el Banco Mundial es una economía de muy alto ingreso no perteneciente a la OCDE, lo cual la convierte en la única nación de

América Latina en alcanzar un elevado nivel de industrialización y bienestar económico teniendo el ingreso percápita más alto de dicha región y el salario mínimo más alto, $8. 50 la hora, próximamente en 2023 subirá a $10.00 la hora.

De ser comparado con los estados de los Estados Unidos, el ingreso medio por familia en Puerto Rico ascendió a 450 dólares anuales mientras que en el estado de Missisiipi sobrepasaba los 45 000 dólares. Puerto Rico tenía una deuda pública de$ 72, 204 000 000 equivalente al 70 % del PIB, con un déficit gubernamental de $ 2, 500 000 000.

Pero con las medidas de austeridad que se han venido tomando y a la reestructuración de la deuda lograron reducirla a la mitad, La junta de supervisión fiscal ha dicho que se espera un superávit para el 2023 de 13 mil millones de dólares y la vuelta a los mercados de capital.

A mediados del siglo xx la economía puertorriqueña se orientaba hacia la producción agrícola, especialmente al cultivo de la caña de azúcar, café, Tabaco.

Sin embargo, había una gran inversión en la infraestructura pública. Los programas de incentivos federales han logrado transformar la actividad económica en los dos últimos cuartos de siglo.

Desde los años 1960, se han establecido en el archipiélago numerosas empresas multinacionales de diferentes industrias como la farmacéutica, electrónica, textil, petroquímica, y más recientemente biotecnológica, industria aeroespacial, Dispositivos médicos etc.

Hoy en día, la manufactura y el sector de servicios, incluyendo el turismo, han reemplazado a la agricultura como principal productor de ingresos, cuya cuota de participación en la economía es inferior al 2%.

Igualmente, el ganado y la producción de artículos lácteos reemplazaron a la industria azucarera como sector principal de la agricultura.

La economía se desaceleró entre 2001 y 2003 por la recesión que experimentaba la economía estadounidense por el estallido de la burbuja tecnológica en el año 2000.

En 2004 se produjo una efímera recuperación ya que, nuevamente, Puerto Rico entraría en un periodo de recesión durante 2006 y este se ha extendido hasta 2012, el año en que se proyecta la depresión económica.

Las previsiones económicas apuntan a una leve mejoría en el comportamiento de la economía puertorriqueña en el año fiscal 2012 debido, fundamentalmente, a un mejor comportamiento de la economía global y a un plan de rescate aprobado por el presidente Obama.

Dicho plan incluyó una inyección económica de más de cinco mil millones de dólares para Puerto Rico.

Igualmente, para los años 2021, 2022 y 2023 ha habido crecimiento económico gracias a los fondos de reconstrucción luego de los huracanes Irma y María que se estiman en más de 50 000 000 000, cincuenta mil millones y al plan de rescate del presidente Biden para mover la economía estadounidense luego de la pandemia, Puerto Rico se ha beneficiado igualmente de esos fondos.

Los líderes de la isla intentaron desarrollar Puerto Rico por medio de la industria ligera, alta en mano de obra, pero baja en capital. Este intento falló con la recuperación de los mercados europeos después de la Segunda Guerra Mundial.

El gobierno de la década de los 50 intentó rescatar la economía por medio de la inversión en la industria petroquímica. Con la subida de los precios del petróleo realizada por la Organización de Países Productores de Petróleo en los años 70, la industria petroquímica del país se vio sumida en una segunda crisis luego de dos décadas de bonanza económica lo que provocó que se revisara el modelo económico desarrollado hasta entonces.

Los gobernantes lanzaron una tercera alternativa que era la exención de contribuciones de las corporaciones privadas por medio de la sección 936 del Código de Rentas Internas que atrajo muchas compañías manufactureras como la Farmacéutica, Electrónica, Dispositivos médicos entre otras.

En 2005 venció el plazo dado a las empresas que se habían acogido al Código de Rentas Internas de los Estados Unidos, sección 936.

Hasta el presente no se cuenta con un programa de desarrollo económico coherente que resuelva el hueco que dejó el cierre de la 936.

Sin embargo, algunos grupos políticos han planteado que la crisis existente en Puerto Rico solo se puede resolver por medio de un desarrollo integral de la economía que envuelva la autosuficiencia agrícola junto con el desarrollo de industrias de alta tecnología pero que contribuyan a la economía del país por medio de las contribuciones.

El gobierno de Aníbal Acevedo Vilá introdujo cambios en los sistemas de impuestos para normalizar la carga y distribuirla más equitativamente a todos los sectores de la economía del país.

Ejemplo de eso es la reciente creación de un Impuesto sobre las Ventas y Uso, IVU, o "sales tax" que fluctuó durante los primeros meses después de ser establecido entre el 5,5 % y el 7 %, un 5,5 % estatal y hasta un 1,5 % municipal, sobre las compras y los servicios, pero que finalmente en 2007 fue unificado a 7 % en todo el territorio.

El IVU fue establecido con el fin de intentar aliviar los serios problemas fiscales que afectan a la Isla y evitar así una degradación en la escala de devaluación de los bonos de Puerto Rico, lo que de haber acontecido hubiera encarecido la financiación de los proyectos públicos.

Este impuesto se equilibró con la eliminación del arbitrio del 6,6 % que se cobraba en el punto de importación. Esto fue porque dicho sistema de arbitrios no era del todo fiable y era de conocimiento público que no percibía las cantidades que deberían haber entrado al erario, en su mayor parte por falta de personal para llevar a cabo inspecciones de carga y el tiempo que se requería para estas inspecciones.

Otra razón por la cual se estableció el nuevo impuesto a la venta es para reducir de manera drástica la tan mencionada "economía subterránea", cuyo monto llegó a ser estimado por el Banco de Gubernamental de Fomento igual al de la economía legal.

Al requerirse el registro de todo comerciante para legalizar el cobro del IVU, se intenta reducir la evasión contributiva.

También se han instituido otros cambios, tales como el alza de los servicios de electricidad y agua para lograr reducir los subsidios que se les daba a las agencias cuasi-gubernamentales que los administran bajo monopolio legal.

Nuevamente la lógica es que estos servicios deben ser financiados a base del consumo en vez de subsidiarlo con fondos públicos, lo cual afectaba aún más el desbalance de la carga contributiva hacia la clase trabajadora.

Según el censo de Estados Unidos del año 2020, la población total de Puerto Rico era de 3, 285, 374 habitantes. A su vez, la población de origen puertorriqueño en los cincuenta estados y el distrito de Columbia de EE. UU. era de 4,623, 716 personas.

El 93,8 % de la población de Puerto Rico es urbana y tan solo el 6,2 % es rural.34 La densidad demográfica supera los 407,15 hab/km2, lo que convierte a la isla como la más densamente poblada de las Antillas Mayores; de igual forma, posee una de las mayores aglomeraciones humanas del mundo.

Las zonas más densamente pobladas son las costas y el área metropolitana de San Juan, donde la densidad alcanza los 1983,45 hab./km2.

La esperanza de vida es de 82,67 años para las mujeres y 74,6 para los hombres, con un promedio de 80,00 años.

El 27 % de la población en Puerto Rico es extranjera; la más abundante es la dominicana con cientos de miles de inmigrantes dominicanos que han llegado a Puerto Rico ilegalmente y legalmente, igualmente hay muchos estadounidenses, seguido por haitianos, cubanos, venezolanos, colombianos, mexicanos, panameños, hondureños, españoles, italianos y chinos.

La población que se identifica como solamente blanca suma el 17.1 % del total.

La población que se identifica solamente como negra o afroamericana suma el 7.0 % del total.

La población que se identifica con dos o más razas de las incluidas en el censo suma el 49.8 % del total.

La población que se identifica como otra categoría no incluida en el censo en conjunto con otra constituye la mayoría de la población, 74.0 % del total. La población de otros grupos suma el 0.6 % del total.

Vale la pena señalar que los resultados de los censos llevados a cabo en Puerto Rico han variado ampliamente a lo largo del tiempo y siguen siendo objeto de continuos debates académicos.

El consenso predominante sobre el tema coincide en que esta inconsistencia se debe a la prevalencia de categorías raciales folclóricas que frecuentemente contradicen las propuestas por los aparatos estatales españoles y estadounidenses.

Los puertorriqueños son, en su mayoría, mezclados con ADN de tres origines, el europeo, el africano, y el taíno. Un estudio usando ADN mitocondrial encontró que la población de Puerto Rico tiene un alto componente genético taíno, aborigen puertorriqueño y guanche, aborigen canario, especialmente de los guanches de la isla de Tenerife.

Si bien todos los grupos raciales están distribuidos uniformemente a través de Puerto Rico, el municipio de Loíza es conocido por su herencia africana particularmente fuerte y también es el municipio que reporta la mayor cantidad de residentes negros.

Fuera del área este, también hay comunidades negras históricamente importantes en los municipios de Ponce, Mayagüez y Vieques. La baja cantidad de personas que se identifican como negras en el censo no debe interpretarse como que hay pocos afropuertorriqueños.

La población negra de Puerto Rico además incluye a quienes también tienen raíces en Cuba, Haití, República Dominicana, las Islas Vírgenes y otros lugares del Caribe.

De estos, los dominicanos históricamente han formado las comunidades más grandes. Sin embargo, las tendencias recientes apuntan a que los haitianos y dominicanos nuevamente son el grupo nacional más común entre quienes migran a Puerto Rico.

En cuanto a la herencia indígena, se reconoce y reclama con mayor frecuencia en el centro y oeste de Puerto Rico. Se ha demostrado cien tíficamente que los residentes del municipio de Maricao, particularmente los del barrio Indieras, tienen las cantidades más altas de herencia genética taína.

Otra comunidad de considerable historia en Puerto Rico son los chinos. Esta comunidad apenas ha sido investigada hasta recientemente, pero ha tenido presencia e influencia en el país desde al menos el siglo XIX.

La Iglesia católica fue traída por los colonos españoles y gradualmente se convirtió en la religión dominante en Puerto Rico. Las primeras diócesis de América, incluyendo la de Puerto Rico, fueron autorizadas por el Papa Julio II en 1511.

En 1512, se establecieron sacerdotes para las iglesias parroquiales. Para 1759, había un sacerdote por cada iglesia.

Catedral Nuestra Señora de Guadalupe, en Ponce, establecida en 1839 un papa, Juan Pablo II, visitó Puerto Rico en octubre de 1984.

Todos los municipios de Puerto Rico tienen al menos una iglesia católica, la mayoría de las cuales se encuentran en el centro del pueblo, o plaza.

Los grupos protestantes que fueron prohibidos bajo casi todo el periodo del gobierno español aparecieron con más fuerza bajo el dominio de Estados Unidos, haciendo que el Puerto Rico contemporáneo sea más interconfesional que en siglos anteriores, aunque el catolicismo sigue siendo la denominación cristiana dominante.

La primera iglesia protestante, la Iglesia de la Santísima Trinidad, fue establecida en Ponce por la Diócesis Anglicana de Antigua en 1872. Fue la primera iglesia no católica en todo el Imperio español en América.

Un artículo de la Associated Press en marzo de 2014 afirmaba que 'más del 70 % de los cuales se identifican como católicos'.

El World Factbook de la CIA informa que el 85 % de la población de Puerto Rico se identifica como católica, mientras que el 15 % se identifica como protestante y otros.

Una encuesta de 2013 de Pew Research encontró que alrededor del 45 % de los adultos puertorriqueños se identifican como católicos, el 29 % como de alguna iglesia protestante y el 20 % como no afiliados a ninguna religión.

Las personas encuestadas por Pew consistían en puertorriqueños que vivían en los 50 estados y en DC y puede que no sean indicativos de los que viven en el Estado Libre Asociado.

Las prácticas religiosas de los taínos han sido redescubiertas / reinventadas hasta cierto punto por un puñado de defensores. De manera similar, algunos adherentes han mantenido algunos aspectos de las tradiciones religiosas africanas, religiones africanas tradicionales.

Los esclavos africanos trajeron y mantuvieron varias prácticas religiosas étnicas africanas asociadas con diferentes pueblos; en particular, las creencias yorubas de la Santería y/o Ifá, y el Palo Mayombe, de origen kongo.

Algunos aspectos fueron absorbidos por el cristianismo sincrético, pero estas prácticas no son admitidas en la Iglesia católica.

En septiembre de 2015 fue aprobado por el Senado el Proyecto de Ley del Senado 1177, que buscaba declarar el español como el primer idioma oficial y al inglés como el segundo idioma oficial del Gobierno, continuar la utilización de ambos en los poderes ejecutivo, legislativo y judicial, y buscaba derogar la Ley 1-1993, que actualmente establece la oficialidad de ambos idiomas al mismo nivel y el actual uso de ellos.

Sin embargo, el Proyecto de Ley del Senado 1177 no fue aprobado por la Cámara de Representantes de Puerto Rico, ni firmado por el gobernador de Puerto Rico, los cuales son requisitos constitucionales aún vigentes en Puerto Rico para aprobar toda ley de origen local o estatal para el territorio. Por la Ley 1-1993 de los idiomas sigue vigente actualmente.

Las peculiaridades del idioma español de Puerto Rico se deben a fuertes influencias de otros idiomas: a la posible influencia de la lengua nativa de los taínos se sumó posteriormente la aportada por fuertes corrientes de inmigración canaria y corsa, y al aporte de las lenguas africanas.

Más tarde, el idioma inglés ha hecho sentir su fuerte influencia a partir de la ocupación estadounidense desde principios del siglo XX, causada por la influencia de la administración, del comercio casi exclusivo con Estados Unidos, leyes de Estados Unidos, cadenas comercia- les es estadounidenses y de la presencia de fuerzas militares estadounidenses en la isla y de la gran cantidad de puertorriqueños que residen en suelo estadounidense.

Se ha estimado que solo entre el 10 y el 20 % de los residentes de la isla domina el inglés 'muy bien'.

El censo de 2000 registró que 19,1 % de los residentes hablaban el inglés bien y 71,9 % menos.

Un estudio de la Universidad de Puerto Rico en 2009 concluyó que 5 de cada 10 residentes no hablan el inglés 'en un nivel avanzado'. El Perfil narrativo de población y vivienda, Puerto Rico 2005-2009 del censo acertó que el 80 % de los residentes habla español en casa, y el 65 % no habla el inglés bien.

Puerto Rico cuenta con una de las infraestructuras más modernas del Caribe y América Latina. Sus ciudades principales, San Juan, Bayamón, Caguas, Guaynabo, Carolina, Ponce, Cayey, Arecibo y Mayagüez cuentan con modernos edificios, y con grandes fábricas de distintas compañías.

San Juan es la metrópoli del Caribe, con grandes y modernos edificios, San Juan ocupa el lugar 71 como ciudad de mayor calidad de vida en el mundo y la de mejor calidad de vida de Latinoamérica según la evaluadora Mercer; además es una de las ciudades más modernas de América Latina.

Sin embargo, a pesar de tener una infraestructura moderna, el patrón de desarrollo sufre de falta de planificación, lo cual afecta al medio ambiente, debido a no proveer la protección de los recursos naturales de la Isla.

Algunos estudios demuestran que, si el patrón de desarrollo continúa, en menos de 70 años la isla será una isla-ciudad.

La Isla también cuenta con un sistema ferroviario metropolitano muy moderno llamado Tren Urbano, el cual está concentrado en el área metropolitana de San Juan, recorre desde San Juan hasta el municipio de Bayamón y se encuentra en vías de expansión en los próximos años, con tres líneas adicionales, una de las cuales llegará hasta el Aeropuerto Internacional.

El sistema del Tren Urbano cuenta con dependencias modernas. Sus estaciones están equipadas con los más modernos sistemas electrónicos.

Además de que en la Ciudad de Mayagüez se encuentra el estadio de béisbol más moderno y tecnológico del Caribe con una capacidad de 13 000 espectadores.

En donde en el Municipio de Rincón existe la única planta de energía nuclear en todo el Caribe.

En la ciudad de Río Grande se encuentra el bosque del Caribe el Yunque. También en la Municipalidad de San Juan se encuentra el Coliseo de Puerto Rico siendo el más moderno, tecnológico, avanzado y grande de todo el Caribe con una capacidad de 20 000 espectadores teniendo un aspecto parecido al American Airlines Arena de Miami.

Hay veintiún aeropuertos, tres con vuelos internacionales: San Juan, Ponce y Aguadilla. El aeropuerto de la Base Naval Roosevelt Roads en Ceiba fue cerrado cuando la Marina abandonó sus operaciones allí, pero la propiedad reabrió ofreciendo sus servicios como el punto de trasbordo de carga aérea más grande del Caribe.

Esto también le concede una vida útil indefinida al Aeropuerto Internacional Luis Muñoz Marín, ya que sus operaciones de carga se esperan sean trasladadas a Ceiba y cuenta con otro Aeropuerto

Internacional en la ciudad de Mayagüez llamado Aeropuerto Eugenio María de Hostos.

El metro de San Juan, Tren Urbano, recorre algunos de los puntos principales del área metropolitana de la capital. La Autoridad Metropolitana de Autobuses, AMA, opera autobuses por el área metropolitana que incluye San Juan, Carolina, Trujillo Alto, Guaynabo y Bayamón.

Operadores de transportes públicos de diversos tipos y tamaños cubren la totalidad de la Isla en rutas reguladas por la Comisión de Servicio Público. Esta también regula la gran cantidad de taxis que operan a través de toda la isla.

Sin embargo, todos estos sistemas de transporte público no están muy bien integrados, acarreando una gran pérdida de tiempo el movilizarse mediante ellos. Por lo cual la mayoría de los ciudadanos se ven forzados a usar su propio automóvil para trasladarse.

La isla también cuenta con una red de puertos que pueden ser utilizados por todo tipo de embarcación privada y comercial, incluyendo los cruceros de pasajeros más grandes del mundo.

Actualmente se está construyendo un nuevo puerto en el sur de la isla con el nombre de Rafael Santiago, antiguo alcalde de la ciudad de Ponce. Se espera que este puerto sirva como punta de lanza para adelantar el desarrollo económico de la isla.

Antiguo Hospital Dr. Pila en Barrio Primero, Ponce.

En el 2017 abrió el Centro Comprensivo de Cáncer con una inversión de 174 millones de dólares al lado del Hospital Oncológico y el Centro

Médico. El Hospital Universitario es el hospital de nivel supraterciario de Puerto Rico y el Caribe.

Además de muchos hospitales privados, en el municipio de Dorado se está construyendo el Dorado Beach Health con una inversión de 107 millones de dólares el cual contará con la colaboración del hospital Johns Hopkins Medicine.

La privatización de la salud ha disminuido la garantía y la calidad de los servicios debido a los altos costos en los servicios médicos y de farmacia.

A pesar de la gran magnitud de industrias farmacéuticas estadounidenses establecidas en Puerto Rico los medicamentos se venden a unos costos sumamente caros que obligan a los ciudadanos a pagar pólizas privadas, que también son costosas.

Aunque existe un plan médico público, denominado "La Reforma", es limitado a personas de escasos ingresos.

La educación hasta el nivel secundario es gratuita y está garantizada constitucionalmente. Hay alrededor de 1523 escuelas públicas y el Departamento de Educación de Puerto Rico contrata a alrededor de 42, 000 maestros, controlando este organismo el grueso de las escuelas públicas del país.

El departamento se divide en regiones educativas, que a su vez se dividen en distritos escolares. Estos aportan sus servicios a cientos de miles de estudiantes y son la principal institución educativa del País.

El idioma de instrucción es el español, pero el inglés es asignatura obligatoria en todos los grados.

Existen 47 universidades: 39 privadas, 13 de ellas con fines de lucro y ocho públicas, las cuales representan 117 unidades académicas en toda la Isla.

La Universidad de Puerto Rico es la más grande del País y sus once unidades componen el sistema público. Incluye el Recinto de Ciencias Médicas, del cual se ha graduado un porcentaje importante de los médicos. El 9,6 % de los recaudos estatales se destinan a pagar la universidad pública.

El sistema educativo de Puerto Rico está integrado al sistema estadounidense. Los primeros cuatro o cinco años de estudios universitarios son denominados bachillerato, bachelor's degree, en lugar de licenciatura, como se le conoce en Hispanoamérica y España. Le siguen los grados de maestría y doctorado.

El Consejo de Educación Superior es el ente que licencia todas las instituciones universitarias públicas y privadas que interesen operar en la Isla.

En términos de acreditación, tal como se conoce en Estados Unidos, más de la mitad de las instituciones de educación superior en Puerto Rico están acreditadas por la Middle States Commission on Higher Education.

También hay varios programas académicos acreditados por entidades especializadas reconocidas por el Departamento de Educación de EE. UU. como acreditadoras profesionales. Algunas de estas son el American Board of Engineering and Technology ABET y la Asociación Estadounidense de Psicología.

La música oriunda de Puerto Rico representa la convergencia de diferentes corrientes culturales; tales como la taína, la española y la canaria, la corsa y la africana. Con esta mezcla de ritmos, instrumentos y melodías se desarrolló lo que representa la identidad musical puertorriqueña.

Los instrumentos característicos de esta música son el güiro, las maracas, el cuatro, la guitarra y los tambores africanos. Entre los primeros músicos profesionales, se destacó la gente negra y los criollos mulatos.

Una gran parte de esta música folklórica es parte de la herencia del jíbaro, con su origen en la región española de Canarias. Finalmente, esta se mezcló con otras músicas, importadas o nativas de la parte latina del Nuevo Mundo.

En la actualidad, la isla cuenta con diferentes ritmos folclóricos culturales, como la bomba y la plena. En la música jíbara o trova destacan los diferentes seises y aguinaldos, y en la música clásica, la danza puertorriqueña.

Actualmente, sus ritmos con auge internacional son la salsa y el reguetón, los cuales tienen raíces extranjeras. La salsa evolucionó de ritmos mayormente reconocidos en Cuba, y el reguetón por su parte es una fusión con el hip-hop y el dance hall jamaiquino y que en la actualidad se ha fusionado con todo tipo de ritmos.

Los escritores más sobresalientes de la literatura puertorriqueña contemporánea incluyen a Luis Rafael Sánchez Pasión según Antígona Pérez, Rosario Ferré, Maldito Amor, Giannina Braschi ¡Yo-Yo Boing! y Estados Unidos de Banana, Esmeralda Santiago, Cuando yo era puertorriqueña, y Mayra Santos-Febres Sirena Selena vestida de pena.

Este grupo se caracteriza por la cantidad de libros publicados, premios nacionales e internacionales y las traducciones de sus libros a otros idiomas.

El país, en su conjunto, fue galardonado en 1991 con el Premio Príncipe de Asturias de las Letras por declarar el español como único idioma oficial del país.

El arte refleja influencias de su trasfondo étnico. Una forma de trabajo artesanal llamada talla de santos es el resultado de una larga evolución católica de representar los santos mediante esculturas con el propósito de convertir indios al cristianismo.

Los santos son hechos de maderas nativas, barro y piedra. Luego de esculpir las efigies, algunas sencillas otras con mayor detalle, son pintadas con vivos colores.

Los santos varían en tamaño, los más pequeños son de aproximadamente ocho pulgadas de alto y los más grandes hasta de veinte pulgadas.

Tradicionalmente, los santos son vistos como mensajeros entre el cielo y la tierra por lo que ocupan espacios llamados altares en las casas. En estos altares las personas les piden ayuda, favores especiales y/o protección.

El Teatro Yagüez en Mayagüez

Muy populares también son las caretas de los vejigantes que son lucidas en los carnavales. Máscaras similares que representan los espíritus diabólicos son utilizadas también en España y África.

Los españoles utilizaban estas máscaras para asustar a los cristianos separados de la iglesia para que regresen. En las tribus africanas utilizaban las máscaras como protección de los espíritus malignos que representan.

Basado en los orígenes históricos las caretas puertorriqueñas siempre tienen cuernos y colmillos. Generalmente son creadas con papier-maché, cáscara del coco y alambre.

El rojo y blanco son los colores típicos de las caretas, pero la paleta de colores se ha expandido para incluir una amplia variedad de formas y patrones.

Una expresión de la artesanía portorriqueña es el mundillo que viene de la tradición e influencia europea y católica. El mundillo es un encaje hecho a mano utilizado para adornar los cuellos de las camisas, los trajes de boda y de bautismos.

Es muy conocido en los pueblos del noroeste de la isla especialmente Moca, conocida como la Capital del Mundillo.

La obra Mundillo Nuestro del Maestro Antonio Martorell, uno de los artistas puertorriqueños más reconocidos a nivel mundial, se exhibe en el Museo de Arte de Puerto Rico y representa el esfuerzo coordinado del artista y varias mundillistas de Moca y otros pueblos.

Es una enorme representación artística de un mapa mundial en hilo elaborado utilizando las técnicas del mundillo. Esta obra es parte del proyecto de exhibición colectiva de arte a nivel mundial llamada Google Art Project.

Si bien se puede encontrar alguna decoración desde temprano en noviembre, en Puerto Rico, por influencia estadounidense, comienzan las navidades a finales de noviembre incorporando la celebración del Día de Acción de Gracias.

A partir de dicha fecha la mayoría de los municipios y centros comerciales hacen actividades oficiales para dar comienzo a las celebraciones.

La mayoría de las denominaciones cristianas también comienzan para esta fecha la temporada de adviento, con una serie de liturgias que buscan preparar a los feligreses para celebrar el nacimiento de Jesús de Nazaret.

A través de diciembre se acostumbra a organizar actividades caritativas e intercambiar tarjetas navideñas.

En la tradición católica, religión mayoritaria, las celebraciones religiosas se intensifican para el 15 de diciembre cuando se decoran las iglesias y se celebran las misas de aguinaldo. Estas celebraciones suelen ser temprano en la mañana y son tradicionalmente misas cantadas.

Al igual que en otros países, se acostumbra a intercambiar regalos el 25 de diciembre para la Navidad; adicionalmente, como parte de la herencia hispana, también se dan regalos en la celebración de la Epifanía, llamada popularmente el Día de Reyes, 6 de enero.

Según la tradición folclórica isleña, los regalos de Navidad los reparte una de varias figuras: Santa Claus, Papá Noel o el Niñito Jesús. A partir del 24 de diciembre, hay receso de clases y se acostumbra a tomar vacaciones durante algunos o todos los 12 días de la Navidad, que tradicionalmente corren del 25 de diciembre hasta el 5 de enero, inclusivos.

Los regalos del 6 de enero lo reparten, según el folclore, los Tres Reyes Magos, e inicia así un periodo de devoción a los Reyes y celebraciones en su honor.

En la antigua liturgia católica esta celebración duraba por una octava, es decir, por ocho días consecutivos finalizando oficialmente el 13 de enero.

No obstante, las fiestas populares continuaban por varios días. A estas fiestas se les llama octavitas y acaban en diferentes fechas en las distintas partes de la Isla, reflejando las tradiciones locales.

En algunos lugares, incluyendo los templos e iglesias, se bajan las decoraciones y cesan las fiestas para mediados de enero.

Las instituciones educativas reanudan clases hacia el final de la octava de Reyes. En municipios y áreas que celebran fiestas patronales en enero, se incorporan dichas fiestas a las octavitas.

Esto ocurre, por ejemplo, en el municipio de San Sebastián o en el Viejo San Juan donde se celebra al santo patrón, San Sebastián, el día 20 de enero en estos lugares culmina la época navideña en esa fecha. En Mayagüez, por el contrario, las fiestas se extienden hasta la celebración de la Candelaria el 2 de febrero.

Hay varias fiestas navideñas solemnes en Puerto Rico durante esta temporada, incluyendo: las Misas de Aguinaldos, Nochebuena, la Misa de Gallo, el Día de Pascuas, Día de Navidad, Despedida de Año, Año Nuevo, Día de Reyes, las Fiestas de la Calle San Sebastián, las octavas y octavitas, y los aguinaldos, parrandas, trullas o asaltos.

En Puerto Rico, los deportes más populares son el béisbol, el baloncesto y el boxeo. También tuvo representantes que se han destacado a nivel mundial en otros deportes como: atletismo, voleibol, tenis, golf, softbol, judo, lucha olímpica, entre otros. Algunos de los atletas más destacados que tiene y ha tenido la Isla son:

Baloncesto: José Juan Barea, Carlos Arroyo, José Ortiz, Raymond Dalmau, Elías Ayuso, Eddie Casiano, entre muchos otros.

Béisbol: Roberto Clemente, Roberto Alomar, Orlando Cepeda, Iván Rodríguez, Yadier Molina, Carlos Beltrán, Carlos Correa, Francisco Lindor, Javier Báez, Carlos Delgado, Edgar Martínez, Juan González, Bernie Williams, entre muchos otros.

Boxeo: Miguel Cotto, Wilfredo Gómez, Wilfred Benítez, Héctor Camacho, Félix Trinidad, Wilfredo Vázquez, Edwin Rosario, Iván Calderón, Carlos Ortiz, entre muchos otros.

Voleibol, hombres: Héctor Soto, Luis Rodríguez, Ozzie Antonetti, Gregory Berríos, Papolito López, de entre otros.

Voleibol, mujeres: Áurea Cruz, Karina Ocasio, Sheila Ocasio, Jetzabel Del Valle, Eva Cruz, Daly Santana, Deborah Sheilhamer, Natalia Valentín entre otras.

Tenis: Mónica Puig, oro olímpico en individuales en los Juegos Olímpicos de Río de Janeiro 2016, el primero en la historia de Puerto Rico, Marimer Olazagasti, Charlie Pasarell, y Gigy Fernández los 3 están en el Salón de la Fama del Tenis internacional.

Tenis de Mesa: Adriana Díaz, Melanie Díaz, Fabiola Díaz, Gabriela Diaz, Daniely Ríos, Brian Afanador.

Golf: Chi-Chi Rodríguez

Lucha Olímpica: Jaime Espinal

Atletismo: Javier Culson, medalla de bronce, Londres 2012, Wesley Vásquez y Jasmine Camacho.

Capítulo 3

El Origen de Nuestros Pueblos

La población inicial de Puerto Rico se debe a varias tribus indígenas derivados de las tierras continentales de las Américas.

Adquirimos los nombres de los Arcaicos, Igneris y por último los Taínos.

¿Quiénes eran esas tribus?

Los Arcaicos eran pueblos nómadas con un estilo de vida atrasado. Ellos vivían de la caza, la cosecha y la pesca.

Los Igneris fueron el primer pueblo agrícola en llegar a Puerto Rico. Ellos establecieron las primeras aldeas. Tenian el sitio arqueológico más completo y mejor preservado en el pueblo Ponce. Estoy hablando del Parque Ceremonial de Tibes.

Los Arawak o Taínos fueron un pueblo más avanzado. Ellos llegaron a lo que hoy conocemos como Puerto Rico. Esto ocurrio alrededor del 1100 d. c. Su sociedad estaba al nivel de una pequeña civilización antigua.

Los Tainos contaban con clases sociales. Dependian mucho de la agricultur de mayor escala. Sus territorios eran permanentes y bien organizados. Por ejemplo, su religión, división de trabajo, comercio y escritura pictórica.

El sitio arqueológico más completo y mejor preservado de ello, esta en el pueblo de Utuado. Este sitio es el Parque Ceremonial de Caguana.

Borinquen esta localizado en la zona fronteriza entre las aldeas-estado taínas, o Cacicazgos. Tambien esta cerca del pueblo guerrero Caribe de las Antillas Menores. Los Taínos estaban acostumbrados a la guerra.

En la costa este de la isla, es donde se daban los enfrentamientos. Pasaba esto porque los Caribes trataban de conquistar o asaltar las tierras taínas.

En la actualidad, estos pueblos no existen. Estos pueblos fueron en parte asimilados y exterminados por la colonización europea. Pero todavía hay legado genético, lingüístico e histórico en la sociedad puertorriqueña moderna. El más conocido es, quizás, el nombre alterno de Puerto Rico, Borinquén.

En el tiempo de la colonización española, San Juan funcionaba principalmente como una base naval. Esta base protegía el comercio de las colonias españolas en las Américas, ganando así el título de "Llave de las Indias". Durante el siglo XIX, y más notablemente el XX, su importancia económica creció dramáticamente, dando lugar a una extensa área metropolitana de unos 1,6 millones de habitantes.

DATOS DE PUERTO RICO EN LA ACTUALIDAD

Nombre Oficial: Estado Libre Asociado de Puerto Rico
Número de habitantes: Más de 4 millones de personas
Capital: San Juan
Moneda: dólar
Embajadas: Las de los Estados Unidos
Gobernador de Puerto Rico:
Hon. Ricardo Antonio Rosselló Nevares
Lenguajes: español y ingles

DIVISIÓN TERRITORIAL:

Municipios de Puerto Rico

Algunas de las Ciudades con más habitantes:
San Juan, Bayamón, Carolina, Ponce, Caguas, Arecibo, Guaynabo, Mayagüez, Toa Baja, Trujillo Alto.

Puerto Rico esta dividido en 78 Municipios

1. San Juan Gentilicio: Sanjuanero
   San Juan, Ciudad Capital, "La Ciudad Amurallada".

2. Adjuntas Gentilicio: Adjunteño
   Adjuntas, "Tierra de Lagos, la Suiza de Puerto Rico".

3. Aguada Gentilicio: Aguadeño
   Aguada, "La Ciudad del Descubrimiento".

4. Aguadilla Gentilicio: Aguadillano.
   Aguadilla, "La Villa del Ojo de Agua, El Pueblo de los Tiburo
   nes, El Nuevo Jardín del Atlántico y Hasta Donde las Piedras
   Cantan".

5. Aguas Buenas Gentilicio: Aguasbonense.
   Aguas Buenas, "La Ciudad de las Aguas Claras, Los Mulos, El
   Oasis de Puerto Rico y Los Ñocos"

6. Aibonito Gentilicio: Aiboniteño
   Aibonito, "La Ciudad de las Flores, La Ciudad Fría, El Jardín
   de Puerto Rico y La Nevera De Puerto Rico".

7. Añasco Gentilicio: Añasqueño
   Añasco, "Donde los Dioses Murieron, El Pueblo de los Morcilleros y Los Nativos".

8. Arecibo Gentilicio: Arecibeño
   Arecibo, "La Villa del Capitán Correa, Muy Leal, Ciudad del Cetí, Diamante del Norte y Los Capitanes".

9. Arroyo Gentilicio: Arroyano
   Arroyo, "El Pueblo Grato y Los Bucaneros".

10. Barceloneta Gentilicio: Barcelonetense
    Barceloneta, "Ciudad Industrial, La Ciudad de las Piñas, El Pueblo de los Indios y El Pueblo de Sixto Escobar".

11. Barranquitas Gentilicio: Barranquiteño
    Barranquitas, "Cuna de Próceres".

12. Bayamón Gentilicio: Bayamonés
    Bayamón, "El Pueblo del Chicharrón".

13. Cabo Rojo Gentilicio: Caborrojeño
    Cabo Rojo, "El Pueblo de Cofresí y Los Mata con Hacha".

14. Caguas Gentilicio: Cagüeño
    Caguas, "La Ciudad del Turabo, El Corazón de Boriquén y La Ciudad Criolla".

15. Camuy Gentilicio: Camuyano
    Camuy, "Ciudad Romántica, Ciudad de los Areneros y Ciudad del Sol Taino".

16. Canóvanas Gentilicio: Canovanense
    Canóvanas, "Ciudad de los Indios, La Ciudad de las Carreras y
    El Pueblo del Chupacabras".

17. Carolina Gentilicio: Carolinense
    Carolina, "Tierra de Gigantes y Los Tumba Brazos".

18. Cataño Gentilicio: Catañense.
    Cataño, "El Pueblo Que Se Negó a Morir, La Antesala de la
    Capital, El Pueblo Olvidado, El Pueblo de los Jueyeros y El
    Pueblo de los Lancheros".

19. Cayey Gentilicio: Cayeyano
    Cayey, "Ciudad de las Brumas, Ciudad del Torito y Ciudad del
    Coqui Dorado".

20. Ceiba Gentilicio: Ceibeño
    Ceiba, "Los Come Sopas y La Ciudad del Marlin".

21. Ciales Gentilicio: Cialeño
    Ciales, "La Ciudad de la Cojoba, La Tierra del Café y Pueblo
    de los Valerosos".

22. Cidra Gentilicio: Cidreño
    Cidra, "El Pueblo de la Eterna Primavera y El Pueblo de la
    Paloma Sabanera".

23. Coamo Gentilicio: Coameño
    Coamo, "La Villa de San Blás de Illescas, Los Maratonistas La
    Villa Añeja y la Ciudad de las Aguas Termales".

24. Comerío Gentilicio: Comerieño.
    Comerío, "La Perla de Plata y Pueblo de los Guabaleros".

25. <u>Corozal Gentilicio: Corozaleño.</u>
    Corozal, "La Cuna del Voleibol y Los Plataneros".

26. <u>Culebra Gentilicio: Culebrense.</u>
    Culebra, "Isla Chiquita, La Isla Municipio y Última Virgen"

27. Dorado Gentilicio: Doradeño.
    Dorado, "Ciudad Dorada y La Más Limpia de Puerto Rico".

28. <u>Fajardo</u> <u>Gentilicio: Fajardeño</u>
    Fajardo, "Los Cariduros y La Metrópolis del Sol Naciente".

29. <u>Florida Gentilicio: Floridense</u>
    Florida, "Pueblo de la Piña Cayenalisa, La Tierra del Río Encantado y Tierra de los Mogotes".

30. <u>Guánica Gentilicio: Guaniqueño.</u>Guánica, "Pueblo de la Amistad, El Pueblo de las Doce Calles y Puerta de la Cultura".

31. <u>Guayama Gentilicio: Guayamés.</u>
    Guayama, "El Pueblo de los Brujos y Ciudad Bruja".

32. <u>Guayanilla Gentilicio: Guayanillense.</u>
    Guayanilla, "Tierra de Agüeybaná y Los Corre En Yegua"..

33. <u>Guaynabo</u> <u>Gentilicio: Guaynabeño.</u>
    Guaynabo, "Primer Poblado de Puerto Rico, Guaynabo la Ciudad de los Conquistadores, El Pueblo del Carnaval Mabó y Los Mets".

34. <u>Gurabo Gentilicio: Gurabeño</u>
    Gurabo, "El Pueblo de las Escaleras y Puerta del Turismo del Sureste".

35. <u>Hatillo Gentilicio: Hatillano</u>
    Hatillo, "Hatillo Del Corazón, Tierra de Campos Verdes, Capital De La Industria Lechera y Ganaderos".

36. <u>Hormigueros Gentilicio: Hormiguereño.</u>
    Hormigueros, "Corazón del Oeste, El Pueblo de la Virgen de la Monserrate, El pueblo del milagro y los peregrinos".

37. <u>Humacao Gentilicio: Humacaeño</u>
    Humacao, "La Perla del Oriente, La Ciudad Gris y Roye Huesos.

38. <u>Isabela Gentilicio: Isabelino.</u>
    Isabela, "El Jardín del Noroeste, Los Gallitos y El Pueblo de los Quesitos de Hoja".

39. <u>Jayuya Gentilicio: Jayuyano</u>
    Jayuya, "El Pueblo de losTres Picachos, Los Tomateros, La Capital Indígena de Puerto Rico y El Mirador de Puerto Rico".

40. <u>Juana Díaz Gentilicio: Juanadino</u>
    Juana Díaz, "La Ciudad del Maví, La Ciudad del Jacaguas y El Belén de Puerto Rico".

41. <u>Juncos Gentilicio: Junqueño</u>
    Juncos, "La Ciudad del Valenciano".

42. <u>Lajas Gentilicio: Lajeño.</u>
    Lajas, "La Ciudad Cardenalicia y Los Tira Piedras".

43. <u>Lares Gentilicio: Lareño</u>
    Lares, "Ciudad del Grito y Los Patriotas".

44. Las Marías <u>Gentilicio: Marieño</u>
    Las Marías, "Pueblo de la China Dulce y Ciudad de los Cítricos".

45. Las Piedras <u>Gentilicio: Pedreño.</u>
    Las Piedras, "Ciudad de los Artesanos y Los Come Guábaras".

46. Loíza <u>Gentilicio: Loiceño.</u>
    Loíza, "Capital de la tradición, Los Santeros y los Cocoteros".

47. Luquillo <u>Gentilicio: Luquillense</u>
    Luquillo, "La Capital del Sol".

48. Manatí <u>Gentilicio: Manatieño</u>
    Manatí, "El Atenas de Puerto Rico".

49. Maricao <u>Gentilicio: Maricaeño</u>
    Maricao, "Pueblo de las Indieras".

50. Maunabo <u>Gentilicio: Maunabeño</u>
    Maunabo, "La Ciudad Tranquila, Los Jueyeros y Los Come Jueyes".

51. Mayagüez <u>Gentilicio: Mayagüezano.</u>
    Mayagüez, "La Sultana del Oeste, La Ciudad de las Aguas Puras y El Pueblo del Mango".

52. Moca <u>Gentilicio: Mocano</u>
    Moca, "Capital del Mundillo y Los Vampiros".

53. Morovis <u>Gentilicio: Moroveño</u>
    Morovis, "La Isla Menos Morovis".

54. <u>Naguabo Gentilicio: Naguabeño</u>
Naguabo, "Los Enchumbaos y Cuna de Grandes Artistas".

55. <u>Naranjito Gentilicio: Naranjiteño</u>
Naranjito, "El Pueblo de los Changos".

56. <u>Orocovis Gentilicio: Orocoveño</u>
Orocovis, "Corazón de Puerto Rico".

57. <u>Patillas Gentilicio: Patillense</u>
Patillas, "La Esmeralda del Sur y Los Leones".

58. <u>Peñuelas Gentilicio: Peñolano</u>
Peñuelas, "Valle de los Flamboyanes"

59. <u>Ponce Gentilicio: Ponceño.</u>
Ponce, "La Perla del Sur, La Ciudad Señorial y Los Leones".

60. <u>Quebradillas Gentilicio: Quebradillano</u>
Quebradillas, "La Guarida del Pirata".

61. <u>Rincón Gentilicio: Rincoeño</u>
Rincón, "El Pueblo de los Bellos Atardeceres".

62. <u>Río Grande Gentilicio: Riograndeño</u>
Río Grande, "Ciudad del Yunque".

63. <u>Sabana Grande Gentilicio: Sabaneño</u>
Sabana Grande, "Ciudad del Petate".

64. <u>Salinas Gentilicio: Salinense.</u>
Salinas, "El Pueblo del Mojo Isleño y Los Marlins".

65. <u>San Germán</u> <u>Gentilicio: Sangermeño</u>.
San Germán, "La Ciudad de las Lomas, La Ciudad de las Golondrinas, La Ciudad Fundadora de Pueblos, la Ciudad Cuna del Baloncesto Puertorriqueño y La Ciudad Peregrina".

66. <u>San Lorenzo</u> <u>Gentilicio: Sanlorenceño</u>.
San Lorenzo, "Ciudad Samaritana".

67. <u>San Sebastián</u> <u>Gentilicio: Pepiniano</u>
San Sebastián, "San Sebastián Del Pepino, Los Pepinianos, Cuna de la Hamaca y Los Patrulleros".

68. <u>Santa Isabel</u> <u>Gentilicio: Santaisabelino</u>
Santa Isabel, "Capital de la Agricultura, Tierra de Campeones, La Ciudad de los Potros".

69. <u>Toa Alta</u> <u>Gentilicio: Toalteño</u>
Toa Alta, "La Ciudad del Toa, Cuna de Poetas, Ciudad del Josco".

70. <u>Toa Baja</u> <u>Gentilicio: Toabajeño</u>
Toa Baja, "Ciudad de los Valles del Toa, Ciudad Bajo Aguas y Los Llaneros".

71. <u>Trujillo Alto</u> <u>Gentilicio: Trujillano</u>
Trujillo Alto, "Pueblo de los Arrecostaos".

72. <u>Utuado</u> <u>Gentilicio: Utuadeño</u>
Utuado, "Ciudad del Viví y Los Montañeses".

73. <u>Vega Alta</u> <u>Gentilicio: Vegalteño</u>
Vega Alta, "Pueblo de los Ñangotaos y Los Maceteros".

74. <u>Vega Baja</u> <u>Gentilicio: Vegabajeño</u>
Vega Baja, "Ciudad del 'Melao Melao'".

75. <u>Vieques</u> <u>Gentilicio: Viequense</u>
Vieques, "Isla Nena".

76. <u>Villalba</u> <u>Gentilicio: Villalbeño</u>
Villalba, "Ciudad del Gandul y Ciudad de los Lagos Avancinos".

77. <u>Yabucoa</u> <u>Gentilicio: Yabucoeño</u>
Yabucoa, "La Ciudad del Azúcar, El Pueblo de Yuca y Los Bebe Leche".

78. 78) <u>Yauco</u> <u>Gentilicio: Yaucano</u>
Yauco, "El Pueblo del Café, Los Corsos".

Municipios de laRegion Norte de Puerto Rico

Esta región hoy en dia se conoce como "Porta del Atlántico".

La costa norte de Puerto Rico consiste en los siguientes municipios: 1. Arecibo 2. Barceloneta 3. Camuy 4. Dorado 5. Hatillo, 6. Manatí, 7. Toa Alta 8. Vega Alta 9. Vega Baja.

Municipios en la Region Sur de Puerto Rico

Esta región hoy en dia se conoce como"Porta Caribe"

La costa sur de Puerto Rico consiste en los siguientes municipios:

1. Arroyo 2. Coamo 3. Guayama 4. Guayanilla 5 Juana Díaz
6. Patillas 7. Peñuelas 8. Ponce 9. Salinas 10. Santa Isabel
11. Villalba 12. Yauco.

Municipios de la Region Este De Puerto Rico

La Rregion del Este se consiste en los siguientes municipios:

> 1. Vieques 2. Culebra 3. Loíza 4. Gurabo 5. Juncos 6. Las Piedras 7. Canóvanas 8. Río Grande 9. Luquillo 10. Fajardo 11. Ceiba 12. Humacao 13. Naguabo 14. Maunabo 15. Yabucoa.

Municipios en la Region Oeste de Puerto Rico

Es esta zona ha sido renombrada "Porta del Sol".

La costa oeste de Puerto Rico consiste en los siguientes municipios: 1. Aguada 2. Aguadilla 3. Añasco 4. Cabo Rojo 5. Guánica 6. Hormigueros 7. Isabela 8. Lajas 9. Las Marías 10. Maricao 11. Mayagüez, 12. Moca 13. Quebradillas 14. Rincón 15. San Germán

16. San Sebastián.

Municipios de la Region Central de Puerto Rico

Esta zona se reconocehoy en dia como "Porta Cordillera"

La región central de Puerto Rico, definida por la Cordillera Central y el Valle del Turabo, consiste en los siguientes municipios:

> 1. Adjuntas 2. Aguas Buenas 3. Aibonito 4. Barranquitas 5. Cayey 6. Caguas 7. Ciales, Cidra 8. Corozal 9. Comerío 10. Florida 11. Jayuya 12. Lares 13. Morovis 14. Naranjito 15. Orocovis 16. Utuado 17. Gurabo.
> ***Es de notar que Caguas y Guarabo están más enlazados económica y demográficamente con el Área Metropolitana de San Juan.

PUERTO RICO EL PARAISO DEL CARIBE

El 40% de la isla está cubierta de montañas, siendo las principales la Cordillera Central. Estas dividen a la isla en dos partes, la Sierra de Luquillo y la Sierra de Cayey. Otro 35% está cubierto por lomas.

El 25% restante lo ocupan llanuras, principalmente en la región costera del norte. La parte más elevada de la isla se halla l Cerro de Punta. Esta en la Cordillera Central, con una altura de 1339 metros. A poca distancia de la costa norte. Esta también paralela con la fosa de Puerto Rico.

La fosa es la más profunda del océano Atlántico con 9129 metros bajo el nivel del mar. Puerto Rico es uno de los países más interesantes del mundo para el estudio de las tierras. Es así porque en una extensión de solo 3,453 millas cuadradas se encuentran casi todos los grandes grupos de tierras del Atlantico.

La costa norte, Atlántico, es húmeda y verde. La costa sur, Mar Caribe, es propicia para los cactos, yucas y el maguey, que crecen en un paisaje semidesértico. Hacia el noroeste el terreno se caracteriza por sus colinas verdes, grutas y barrancos. El sistema cárstico del río Camuy es uno de los más extensos del hemisferio. En el sudoeste los manglares han creado un singular sistema de canales.

Puerto Rico cuenta con parques nacionales los cuales muchos son forestales y otras seis a punto de ser declaradas. El bosque más importante es el Bosque Nacional del Caribe. Tambien conocido como El Yunque.

Antiguamente, El Yunque cubría un área más extensa que la actual, 113 km². Algo más de 180 pulgadas de agua de lluvia se registran en El Yunque cada año, creando una frondosa selva, hábitat de numerosas especies de plantas y árboles.

El Bosque de Guajataca, con decenas de senderos, y el Bosque Nacional de Guánica, son bosques secos con gran número de especies de aves. Estos son reservas importantes para la isla. Los mayores atractivos lo ofrecen las dos bahías bioluminiscentes. Estas están en La Parguera y en la isla de Vieques.

Hoy día, la bahía bioluminiscente de La Parguera ha ido perdiendo su luminosidad debido a la contaminación producida por la gran cantidad de embarcaciones navegar en esa área. Otra bahía luminiscente que se está volviendo popular es la del municipio de Fajardo, la cual, al navegarse de noche en kayak, ofrece una de las mejores experiencias luminiscentes en la isla.

Capítulo 4

Cuentos con Abuelita

Ceferina Figueroa Bellos

Mi abuelita acostumbraba a interpretar muchas historias sobre los Indios Taínos. Ella era una tremenda historiadora.

Recuerdo corriendo a su casa todas las tardes después la escuela. Abuela tenía simpre una jarra de limonada y galletas recién horneadas.

Mi hermano Julio y yo nunca perdíamos la hora de historia con abuelita. Era muy agradable escuchar la dulce voz angelical de abuela.

Para mí, era mejor que cualquier programa de televisión. Ella nunca escribió todo lo que narró. Digo esto porque eran leyendas muy agradables para toda la familia.

Mi abuela siempre comenzaba cada evento con las siguientes palabras: Quiero que ustedes, Normy y Chiqui, nunca se olviden de dónde vienen. Es importante que atesoren nuestras costumbres y tradiciones. También quiero que ustedes dos pasen esta información a las futuras generaciones…

Y asi comenzaba sus historias:

La isla de Puerto Rico fue poblada originalmente por los indios taínos. Se fundamentó en 1493 por Cristóbal Colón para el Reino de España…

División de los Indios Taínos

Los Naborías y Los Nitaínos

Los Naborías eran los comunes y los Nitaínos eran los nobles. Fueron gobernados por jefes masculinos conocidos como "Caciques". Ambos grupos fueron asesorados por sacerdotes o curanderos conocidos como "Bohique".

Los "Caciques"

A los "Caciques" les gustaba el privilegio de llevar colgantes de oro llamados "guanina". Solían vivir en bohíos cuadrados, en lugar de los redondos. Siempre estaban sentados en taburetes de madera por encima de los invitados que recibían.

Ahora vamos a hablar de los Bohiques

Los Bohiques fueron muy respetado por sus poderes curativos. Tenían la habilidad de hablar con Dios. Ellos eran los únicos que consultaban o aconsejaban a los Taínos.

El Taíno y el sistema Matrimonial

Los Tainos tenían un sistema matrimonial de parentesco que descendía por herencia. Cuando un heredero varón no estaba presente el hermano de la mujer ayudaba criar a sus sobrinos. Ellos practicaban polígamia. Los hombres y a veces las mujeres podían tener dos o tres esposas. Algunos caciques tenían hasta 30 esposas.

INDIVIDUOS TRABAJADORES

Las mujeres Taíno

Eran altamente cualificadas en la agricultura. Ellas tenían una buena mano para sembrar. La siembra fue muy importante para la tribu entera. Todo el mundo dependía de esos productos agrícolas. Las verduras y frutas fueron parte de sus dietas diarias.

Los hombres taínos

El trabajo de los hombres consistía en caza y pesca. Hacían redes y cuerdas de algodón y palmeras. Utilizaban arcos y flechas para la caza. Desarrollaron el uso de venenos en las puntas de la flecha. Sus canoas se hacían en varios tamaños.

Las canoas eran tan grandes que podían llevar a cabo de dos a ciento cincuenta personas. Una canoa mediana tiene aproximadamente quince a veinte personas.

Estilo de cabello y vestimenta

Con frecuencia las mujeres usaban cabello corto al frente y más largo en la parte posterior. A veces llevaban joyas de oro, pintura o conchas. Los hombres Taíno a veces llevaban faldas cortas. Las mujeres Taínos llevaban una prenda similar después del matrimonio.

"Areítos"

El areito era especialmente común entre los clásicos taínos de la española y Puerto Rico. Los areítos se llevaron a cabo por una variedad de razones.

En los primeros días de colonización europea, los jefes taínos organizaron "areítos" para los visitantes españoles, que registraban información sobre las ceremonias.

Según las documentaciones históricas, "areítos" aparece a menudo en asambleas de nobles bailando y cantando. También tocaban con cascabeles y tambores. Las ceremonias invocaban elementos de la cultura Taína y práctica religiosa. Estas prácticas incluían su adoración a la "tierra" y sus antepasados.

"Areítos" se llevaron a cabo en los espacios designados, específicamente las plazas públicas o el suelo de danza fuera de la casa del jefe.

Pueblos taínos clásicos aparecía a menudo una corte elaborada de danza. Eran siempre en una zona al aire libre rodeado de bancos de tierras y a veces de piedras talladas.

La población en general vivía en grandes edificios circulares hojas "bohíos", construido con postes de madera, tejido de paja y Palma. Estas casas que rodean la plaza central podrían sostener diez a quince familias. El cacique y su familia vivían en edificios rectangulares llamados "Caney" de construcción similar, con pasillos de madera.

Los muebles para el hogar de los Taíno incluían hamacas de algodón para dormir y sillas esteras hechas de palmeras. Algunas sillas eran hecha de madera "dujo o duh" con asientos tejidos, plataformas y cunas para niños.

A los taínos les gustaban muchos los Juegos de pelota. Eso juego eran un poco diferente al juego de pelota de ahora. Ese juego se realizaba en Caguana Ceremonial o "batey". Las pelotas eran diseñaba con una goma especial.

En el "batey", el Taíno hacia sus juegos ceremoniales. Esos juegos, se hacían para resolución conflictos entre comunidades. La pelota más elaborada se encontraba en los límites de las autoridades. A menudo, los jefes hacian apuestas sobre los resultados de un juego. Esos juegos eran muy organizados.

Tenían equipos desde diez a treinta jugadores. Cada equipo utilizaba una pelota de goma maciza. Normalmente, los equipos estaban compuestos por hombres, pero en ocasiones las mujeres jugaban también.

El lenguaje de Arawak

El término Arawak era aplicado originalmente al grupo de América del sur que se auto identificó como Arawak o Lokono. Los indios taínos hablaban Arawak. No tenían comunicación por escritura.

En 1871, el etnólogo Daniel Garrison Brinton llamaba a la población Caribe "Isla Arawak".

Esto era debido a las similitudes lingüísticas y culturales con el continente Arawak. Después de un tiempo, los sabios nombraron esta convención "Arawak", creando confusión entre los grupos de la isla y el continente.

La primera lengua con la que entraron en contacto los españoles.

Asi era como se hablaba en todas las Antillas. Esta fue la primera lengua con la que entraron en contacto los españoles. Pertenecia a la familia lingüística arahuaca.

El taíno era la mayor fuente de americanismos. Por ejemplo, estas palabras todavía se usan. La canoa, cacique, maíz y tabaco, etc.- en el vocabulario del idioma español.

Eran vinculadas con las lenguas arahuacas de las costas sudamericanas del Mar Caribe. Fue Bartolomé de las Casas, quien informó que había variantes dialectales, siendo la hablada en la soberanía de Jaragua, isla La Española.

También decía que era la más elegante y prestigiosa, además de lengua franca para la interacción cultural y comercial en las Antillas.

Era un lenguaje cargado de poesías y bien ligado a su permanente interacción con la naturaleza. Se hablaba pausado, buscando las relaciones personales.

Según los historiadores de esa época:

Al arco iris, lo llamaban "serpiente de collares"
Al cielo "mar de arriba"
El rayo era "el resplandor de la lluvia"
Al amigo lo llamaban "mi otro corazón"
Al alma "el sol del pecho"
Para decir perdón, decían "olvido"

Tras la conquista, el idioma desapareció rápidamente.

La lista de palabras taínas se basa en el "Vocabulario indoantillano" de Coll y Toste, actualizado por José Marcano para el uso en la República Dominicana.

En el siglo XX, historiador como Irving Rouse restableció el uso "Taíno" para el grupo Caribe para resaltar su cultura y su lengua. Estas son algunas palabras del Taíno que se han incorporado al español y en inglés:

Barbacoa-barbecue   hamaca -hammock
Kanoa- canoe   tabaco-tobacco
Yuca, batata-sweet   potato juracán-hurricane

Herramientas o armas de guerra que utilizaban los Taínos

Para la guerra, los hombres hacían macanas de madera. Eran de una pulgada de grueso y similar al macaque del coco. Por cierto, todavía usamos la palabra "macana".

A veces Mamá Nina explicaba cómo los Taínos hacian sus comidas. Mientras ella explicaba, nos preparaba pan de "casabe".

Los Taínos comían comidas balanceadas. Su alimentación incluía vegetales, frutas, carnes y pescados. No había animales grandes nativos en el Caribe, pero capturaban animales pequeños, tales como jutías que son de familia de las ratas.

El Taíno también comía gusanos, lagartos, tortugas y aves. Los manatíes y peces eran atrapados en redes, o capturados con anzuelo y línea. Loros salvajes eran capturados con aves domesticadas.

El Taíno almacenaba los animales vivos hasta que estaban listos para ser consumidos: peces y tortugas eran almacenados en estanques de agua. Las jutías y perros fueron almacenados en charcos de aguas caseros.

Debido la falta de animales grandes, el Taíno se convirtió en un pescador muy hábil. Una de la técnica era con un gancho de arrastre. Ponían una línea asegurada a una canoa y esperaban a que el pescado por sí mismo se sujetara a peces de mayor tamaño o incluso una tortuga.

Una vez que esto sucedió, los hombres saltar al agua y traían a sus capturas. Otro método utilizado por los taínos era tallos destrozados y raíces de arbustos venenosos. Los arrojaban cerca de los arroyos o ríos.

Al comer la carnada, los peces quedaban paralizados. Los pescadores tenían suficiente tiempo para recogerlos. Este veneno no afectabas el consumo de esos peces.

Miembros de la tribu, sobre todo jóvenes, también recogían miles de ostras en las aguas no tan profundas y dentro de los manglares.

Los Taínos dependían mucho de la agricultura. Los terrenos eran tubérculos importantes. Los terrenos se preparaban por colinas de tierra, llamado conucos de almacenar.

Esto mejoró el drenaje del suelo y fertilidad, así como retardar la erosión. También permitía mayor almacenamiento de cultivos en el suelo.

Los cultivos menos importantes, como el maíz, eran cultivados en terrenos. Por lo general, conucos fueron tres pies de alto y nueve pies de circunferencia y fueron dispuestas en filas.

Cuando yo era joven, mi bisabuela me decía que tuviera cuidado cuando iba a preparar yuca o casabe. Si las raíces no se preparaban adecuadamente, podrían ser peligrosos para su salud. Mis antepasados aprendieron de los Taínos...

Su principal cultivo de raíces era yuca o casabe. Era una mata frondosa cultivada por sus raíces. Eran muy ricas en almidón. Se plantaban con una coa.

Una coa es especie de azada hecha totalmente de madera. Las mujeres procesaban la variedad venenosa de la yuca. Ellas exprimían y extraían el jugo tóxico. Entonces molían las raíces en la harina para hornear pan. La batata, era el cultivo más importante que viene de la raíz.

Contrario a las prácticas del continente Norte Americano, el maíz no fue molido en la harina para hornear, pero cocinado y comido en la mazorca. El pan de maíz se dañaba más rápidamente que el pan de casabe por la alta humedad del Caribe. El maíz también se utilizaba para hacer una bebida alcohólica conocida como chicha.

El Taíno sembraba calabaza, frijoles, pimientos, maní, piña y tabaco. También se cultivaba el algodón alrededor de las casas. Otras frutas y verduras, como las nueces de palma, guayabas y raíces, se recogían en el medio silvestre.

Nuestros Indios Taínos eran muy amables y humildes. Su vida pacífica y las tareas diarias cambiaron con la llegada de los españoles...

Los Taínos fueron unas victimas inocentes. Los españoles los mataron, pero en la realidad no desaparecieron. Ellos nos dejaron tantas cosas.

Su presencia sigue viva en nuestra isla. Hay muchas palabras en nuestro idioma que heredamos.

Ejemblo: hamaca, macana, canoa, guiro, maraca y otras. Hay cientos de frutas, flores y arboles que conservan su nombre como, la papaya, la ceiba y el ausubo. Una gran cantidad de rios y pueblos llevan nombres tainos comoBayamon, Humacao, Guayama, Utuado, Vieques y muchos más. Nuestras frutas o alimentacion conserva costumbres tainas como las arepas, el casabe y los guanimes.

¡No amigos, nuestros Tainos no se han desaparecido!

Capítulo 5

Españoles en Puerto Rico 1493-1898

Mi abuela Ceferina nació el 26 de agosto de 1900; por lo tanto, ella creció con las costumbres americanas. Ella nos dijo, a mi hermano Julio y a mi, muchas historias relacionadas con los españoles y los Taínos. Vimos qué triste se ponía cuando estaba tratando de recordar todos los incidentes que sucedieron durante esa época...

Ceferina, llamada por todos sus nietos, "Mamá Nina" conocía la historia de nuestra isla. Sus padres eran de España. Tenían muchas propiedades en toda la isla. Mamá Nina nunca fue a España, pero sus padres viajaron a menudo.

¿Listo para más historias?

Yo eche de menos las historias y leyendas que Mamá Nina contaba cuando nos mudamos a Nueva York. Pero cuando ella nos visitaba, nos tenía muy atento con sus cuentos.

Una tarde, mi hermano y yo, estábamos listos para escuchar sus historias sobre los españoles. Comenzó como siempre, preguntando acerca de nuestros estudios. Era tan diferente viviendo en Nueva York. Así que fue muy lindo tener a "abuelita" en nuestra casa.

Me olvidé de mencionar que esa misma semana, en la escuela, íbamos a celebrar el mes de la Hispanidad. Las historias que nos contó Mamá Nina eran muy educativas e importantes.

Todos los alumnos de mi clase fueron seleccionados para llevar a cabo una obra en el día del descubrimiento de Puerto Rico. Mamá Nina nos ayudó. ¿Adivinen qué? Mi clase ganó el primer premio por la mejor actividad. Todo fue espectacular gracias a Mamá Nina...

Todas las tardes teníamos nuestra hora con abuela, pero esta vez, Mamá Nina comenzó su historia en un tono muy diferente y extraño. Sus historias estaban demasiado tristes...

Cuando Colón llegó a Puerto Rico durante su segundo viaje en el 19 de noviembre de 1493, la isla estaba habitada por los indios Taínos. Lo llamaron Borikén; Borinquen en traducción al español. Colon nombró la isla San Juan Bautista, en honor al santo católico, Juan Bautista.

Tras informar de los resultados de su primer viaje, Colón trajo con él, esta vez, una carta del Rey Fernando. Fue autorizada por un Papa. Esta carta indicaba que cualquier curso de acción necesario para la expansión, en la isla, iba hacer del imperio español. También todo que tenía que ver con religión y tenía que ser con1 la fe cristiana.

Fue Juan Ponce de León, un teniente comandado por Colón, quien fundó el primer sitio español. Era en Caparra, el 8 de agosto del 1508. Más tarde, se desempeñó como el primer gobernador de Puerto Rico.

Finalmente, comerciantes y otros visitantes marítimos llegaron a referirse a toda la isla como Puerto Rico. San Juan entonces, se convirtió en el nombre del comercio principal y puerto de embarque en el caribe.

Al principio del siglo XVI, los españoles comenzaron a colonizar la isla. A pesar de las leyes de Burgos del 1512 y otros decretos para la protección de la población indígena, algunos indios Taínos se vieron obligados a un sistema de encomienda de trabajos forzados en los primeros años de la colonización.

Mamá Nina explicó todo como si fuera nuestra profesora de historia...

Vamos a Echar un vistazo al sistema de"Encomienda"

La encomienda fue un sistema de relación de dependencia que se inició en España durante el imperio romano. Realmente significaba que la gente más débil, iba ser más protegida a cambio de un servicio.

Fue utilizado más adelante durante la colonización española de las Américas y las Filipinas. El monarca español asignaría a un español con la tarea de "proteger" a un grupo específico de los nativos americanos.

En la encomienda, la corona española otorgó a una persona un determinado número de indígenas de una comunidad específica. Esta encomienda tenia líderes indígenas a cargo de movilizar el tributo tasado y mano de obra. A la vez, los encomenderos tenían que asumir la responsabilidad de las instrucciones en la fe cristiana.

La protección de las tribus, piratas e instrucciones, eran en la lengua española.

En cambio, de toda la protección, los nativos le tenían que dar tributos. Estos tributos eran en forma de metales, maíz, trigo, carne de cerdo o cualquier otro producto agrícola.

División de habitantes en la isla

Durante la primera década de la presencia en el Caribe, los españoles se dividieron. Los nativos, que en algunos casos trabajaron incansablemente, y los españoles que vinieron después del despido de Cristóbal Colon. La corona española envió un gobernador real, Fray Nicolás de Ovando, quien estableció el sistema de encomienda formal.

En muchos casos, los nativos eran obligados a hacer trabajos forzados. El castigo extremo si se resistían, los castigaba fuerte hasta matarlos. Sin embargo, Isabela, la reina de Castilla había prohibido esclavitud de los indígenas "vasallos libres de la corona," permitiendo que muchos nativos y españoles miraran con buenos ojos los encuentros reales.

Las Encomiendas fueron caracterizadas a menudo por el desplazamiento geográfico de los esclavos. La desintegración de las

66

comunidades y unidades familiares fue muy diferente que la de los otros países colonizados por los españoles.

Por ejemplo, la encomienda en México funcionó con las reglas que estos vasallos libres le dirigían. La corona a través de las jerarquías si existía en la de comunidad. Los indígenas no fueron forzados permanentemente. Se les dejo estar con sus familias, casas y terrenos.

En el antiguo Imperio Inca, por ejemplo, el sistema continuó la tradición incaica e incluso preincaico de extracción del tributo en forma de mano de obra.

Cuando la Reina Isabela visito a Puerto Rico, ya era tarde para ayudar a los Taínos. Los indios Taínos sufrieron mucho. Hubo muchas muertes extremadamente altas por las epidemias y enfermedades venéreas que trajeron los europeos. Nuestros Tainos estaban muy saludables hasta que llegaron los españoles.

El Taíno se convirtió en punto de extinguirse como cultura por asentamiento de colonizadores españoles. Y repito, todo fue debido principalmente a enfermedades infecciosas que no tenían inmunidad. El primer brote de viruela registrado en la española se produjo en diciembre de 1518 y enero del 1519.

La epidemia de viruela del 1518 mató a 90% de los nativos. La guerra y la esclavitud áspera por los colonizadores también habían causado muchas muertes.

En el 1548, la población indígena había disminuido a menos de 500. A partir de alrededor 1840, ha habido intentos de crear una identidad cuasi-indígena de Taíno en las zonas rurales de Cuba, República Dominicana y Puerto Rico. Esta tendencia se aceleró entre la comunidad puertorriqueña en los Estados Unidos en la década de 1960.

Cuando Mamá Nina termino su historia, le preguntamos por qué ella estaba tan triste. Nos explicó que cuando los españoles llegaron a Puerto Rico, nadie podía hablar de los indios. Era un insulto decir que eramos de descendencia indígena...

Capítulo 6

Esclavos Africanos en Puerto Rico

Los esclavos africanos comenzaron a compensar la pérdida de mano de obra indígena, pero sus números fueron proporcionados al interés comercial. España estaba perdiendo su poder imperial en el caribe. Poco a poco se fue reduciendo el explotamiento de personas. España pronto comenzó a darse cuenta de que Puerto Rico ya no tenía riquezas.

La historia de Puerto Rico estaba cambiando con la migración de africanos. Estos hombres eran los llamados libertos, que acompañaron a los conquistadores españoles que eran invasores.

Los españoles esclavizaron a los Taínos que eran habitantes nativos de la isla. Muchos de ellos murieron por los abusos de los españoles. Esto presento un problema para el gobierno real de España. Todo lo que hacían se basaba en la esclavitud para sus operaciones de minería y construcción de fuertes.

Los españoles tenían que bucar una solución para tener personas en las minas y seguir con las labores de los indios hacian….

La Solución

España comenzo en importar esclavos africanos del oeste. Como resultado, la mayoría de los pueblos africanos que entraron a Puerto Rico lo hicieron por migración. Esta migración fue forzando al comercio

Atlántico de esclavos. Estos eran procedentes de muchas diversas sociedades del continente africano.

Cuando las minas de oro en Puerto Rico se declararon agotadas, la corona española ya no glorificaba a Puerto Rico como alta prioridad colonial....

Puerto Rico se fue utilizado como base militar para apoyar a las flotas de guerra. Los africanos que venían de las islas poseídas por Gran Bretaña y Francia fueron instruidos y dirigidos para que se fueran a Puerto Rico.

La Constitución Española del 1789, permitió a los esclavos en Puerto Rico para ganar o comprar su libertad; sin embargo, esto no fue así. No tenían ningún interés para ayudar al esclavo. Solo empeoro la situación. La expansión de las plantaciones de caña de azúcar condujo a la demanda de esclavos y su población aumento dramáticamente.

La administración colonial se apoyó mucho en la industria de esclavizar a los africanos y a los negros criollos. Los utilizaban para obras públicas y defensas. Sobre todo, en puertos y en las ciudades. Eran solo una pequeña población colonial que había ocupado los esclavos, pero los maltrataban hasta peor que los indios.

Finalmente, en marzo 22 de 1873, se abolió la esclavitud en Puerto Rico. Los africanos aportaron mucho con la música étnica africana, arte, lengua y fortuna. Ellos contribuyeron enormemente a la cultura puertorriqueña.

Otras islas, proyectados por los mercados agrícolas intensos, como Cuba, Santo Domingo y Guadalupe, fueron atraídas por el comercio de esclavos de Puerto Rico. En estos lugares, los colonizadores habían desarrollado plantaciones de azúcar grande con capital para invertir en el esclavo Atlántico.

La administración colonial dependía fuertemente de la industria de los esclavos africanos y negros criollos. Se utilizaban para obras públicas y defensas principalmente en las ciudades y puertos de la costa.

La menor población colonial no tenía industrias significativas o grandes producciones agrícolas. Sin embargo, habían esclavizado y comunidades libres presentaron alrededor de los pocos asentamientos costeros, particularmente en San Juan. También fueron formando comunidades Afro- criollo duraderas.

Mientras tanto, en el interior de la isla, algo extraño estaba ocurriendo. Fue donde comenzó un desarrollado de un grupo mixto e independiente. Toda la isla dependía de ellos. Ayudaron a mante ner la economía. Esta población en su mayoría sin supervisión suministra aldeas y caseríos con la comida. Este grupo de personas eran muy inteligentes. Fijaron el patrón para lo que más tarde se conocería como la cultura del jibaro puertorriqueño.

A finales del siglo XVI, el imperio español estaba aumentando las incursiones de competidores europeos; la administración colonial de las Américas cayó en una "mentalidad de búnker".

¿Qué es una «mentalidad de búnker»? Es una actitud de extrema actitud defensiva y auto justificación basada en un sentido a menudo exagerado de ser persistente ataque de los demás.

En esos momentos, los españoles estuvieron que utilizar imperiales estratejias y planificadores urbanos. Ellos habían rediseñado asentamientos de puerto en puestos militares con el objetivo de proteger a reivindicaciones territoriales españolas.

Además, tenían que garantizar el paso seguro de la flota del rey en el Atlántico de la Península Ibérica.

San Juan, en ese tiempo, sirvió como un importante puerto de escala para las naves que condujeron a través del Atlántico por sus poderosos vientos. Convoyes de las Indias occidentales juntaron a España con otras islas.

Ellos navegaban entre Cádiz e indias del oeste español. Puerto Rico se convertio en la Colonia del gobiernomas importante del Caribe. San Juan transformo en el sitio más fuertemente fortificados en el Caribe Hispano. San Juan ganó el nombre de la «ciudad amurallada».

¿Porque La Ciudad Amurallada?
"La Ciudad Amurallada"
"Ciudad Capital"

San Juan

Los españoles pusieron muchos fuertes para proteger la ciudad... Hoy en día, la isla todavía tiene varias fortalezas y paredes, como La Fortaleza, el Castillo San Felipe del Morro, y el Castillo San Cristóbal. Fueron diseñados para proteger el pueblo y el puerto de San Juan de los ataques de los competidores europeos españoles.

En el 1625, durante la batalla de San Juan, el comandante holandés Boudewijn Hendricksz probó límites de las defensas parecidas a nadie más. Aprendió de los fracasos anteriores de Francis Drake.

Él también evitó los cañones del castillo de San Felipe Del Morro. Hendricksz entró rápidamente sus diecisiete barcos en la bahía de San Juan. Luego, ocupó el puerto y atacaron la ciudad mientras la gente se adelantó para protegerse detrás de zanjas y altas murallas del Morro.

Muchos historiadores consideran este evento el peor ataque en San Juan. Aunque los holandeses incendiaron el pueblo, no pudieron conquistar el Morro. Sus baterías golpeaban sus tropas y naves hasta que Hendricksz reconoció que era una causa perdida.

La expedición de Hendricksz finalmente ayudó a empujar la protección para toda la isla. Había construcciones de defensas para el cerro de San Cristóbal. Puerto Rico cayó realmente bajo las reglas estrictas de España.

La administración y la gente pronto se ordenaron para prevenir el desembarco de los invasores en la artillería del Morro. La planificación urbana respondió a las necesidades de mantener la colonia en manos españolas.

Al final de los siglos 16 y 17, España concentró todos sus esfuerzos coloniales en las colonias más prósperas de continentales del Norte, centro y Sur América.

Con la introducción de la dinastía de Borbón que vivía en España en la década del 1700. La isla de Puerto Rico inició un cambio gradual hacia la atención más imperial.

Más carreteras comenzaron a conectar sitios interiores previamente aislados a ciudades costeras. Los asentamientos costeros como Arecibo, Mayagüez y Ponce comenzaron a adquirir importancia propia, separada de San Juan.

A finales del siglo XVIII, flotas mercantes de diferentes grupos o nacionalidades amenazaron las regulaciones apretadas del sistema mercantilista. Dio vuelta a cada colonia únicamente hacia la metrópoli europea y limitado contacto con otras naciones.

Las naves de los Estados Unidos se unieron con el comercio español. Superaron y con ello vino también la explotación de los recursos naturales en la isla. Esclavistas, que habían hecho pocas paradas en la isla anteriormente, comenzaron a vender más de sus esclavos africanos para el cultivo de plantaciones de azúcar y café.

El creciente número de guerras Atlántico en el que las islas del Caribe desempeñaron papeles principales, como oído de Jenkin, la guerra de siete años y las revoluciones atlánticas aseguró Puerto Rico creciendo la devoción a Madrid.

En el momento cuando los movimientos independentistas en las colonias españolas más grandes lograron éxito, nuevas olas de emigrantes criollos leales comenzaron a llegar en Puerto Rico. Ayudaron a inclinar el equilibrio político de la isla hacia la corona.

En el 1809, para asegurar su vínculo político con la isla y en medio de la guerra de la independencia europea, la Junta Central Suprema, concede en Cádiz reconocer a Puerto Rico como una provincia de ultramar de España.

Dio a los residentes de la isla el derecho a elegir a representantes para el Parlamento español recientemente montado Cádiz Cortés, con igual representación a Península Ibérica, Mediterráneo Baleares y provincias españolas marítimas Atlántico las Islas Canarias.

Ahora, echemos un vistazo a algunas personas importantes que ayudaron a la isla a ser reconocido de muchas maneras...

Ramón Power y Giralt

¿Quien era Ramón Power y Giralt?
Capitán Ramón Power y Giralt
7 de octubre de 1775 –10 de junio de 1813

Él era conocido como Ramón Power. Según el historiador puertorriqueño, Lidio Cruz Monclova, fue también uno de los primeros nativos puertorriqueños.

El negocio con España el poder igualdad y representación de Puerto Rico ante el gobierno parlamentario de España. Ramón Power y Giralt, fue el primer representante parlamentario español de la isla de Puerto Rico, murió después de unos tres años en las cortes de España.

Las reformas constitucionales y parlamentarias estaban vigentes desde 1810 a 1814 y otra vez desde 1820 a 1823. Dos veces se revirtieron durante la restauración de la monarquía tradicional por Ferdinand VII.

Inmigración y comercio reformas en el siglo XIX aumentaron étnica de la población europea a la isla y la economía. También se amplió huella cultural y social española en el carácter local de la isla.

En Puerto Rico, estaban ocurriendo pequeñas rebeliones de esclavo a lo largo de los años. Una rebelión planeada y organizada fue Marcos Xiorro en el 1821. Marcos Xiorro, un esclavo africano, planeo y conspiro una rebelión de esclavos contra los propietarios de una plantación de caña de azúcar y el gobierno Colonial español.

Aunque la conspiración no tuvo éxito, alcanzo el estatus fabuloso en-tre los esclavos y es parte hoy en día del folclore de Puerto Rico.

Durante los cuatro siglos de dominación española, se transformó el paisaje físico y cultural de la isla. Este fue el momento cuando fueron introducidos el conocimiento europeo, costumbres y tradiciones. Iglesias católica y el idioma español era la característica más importante de esa época especial...

En el 1898, tras la guerra hispanoamericana, España cedió la isla a los Estados Unidos bajo los términos del Tratado de París...

Capítulo 7

El Crisol Del Caribe

¿Por qué Puerto Rico a veces se le llama el crisol del Caribe?

Puerto Rico es una isla tropical con diversos orígenes étnicos. Podemos decir que es el crisol del Caribe.

Por ejemplo, el francés, holandés, irlandés, italiano y británico estaban entre los muchos que intentaron conquistar este lugar celeste. Ellos, sin embargo, dejaron sus culturas que se mezclaron con los ya existentes en la isla.

¿Qué es el Caribe?

¿Cómo puedo describir el Caribe? Solo puedo decir que tiene un cielo y una tierra de admiración. Es solo un paraíso lleno de hermosas playas, gente maravillosa y amable. La historia de este paraíso es increíble...

Mi isla favorita en el Caribe es Puerto Rico. ¿Por qué Puerto Rico? Porque es el lugar donde nací. Estoy orgullosa de mi mezcla única de antecedentes culturales.

Independientemente de nuestra composición multiétnica, la cultura en común por la mayoría se conoce como la cultura puertorriqueña.

También es una cultura occidental en gran parte derivada de las tradiciones de los inmigrantes europeos occidentales.

Todo esto comenzó con los primeros colonizadores españoles, junto con otros europeos que llegaron más tarde como los corsos, irlandeses, alemanes, franceses y la cultura de África occidental que ha sido influyente.

La mayoría de los puertorriqueños se considera ser de ascendencia española-europea mezclada. Estudios de muestra de ADN recientes han concluido que los tres componentes más grandes del perfil puertorriqueño genético son de hecho indígena taína, europea y africana.

En la actualidad, Puerto Rico es un territorio de los Estados Unidos ubicado en el Caribe nororiental. Incluye una isla principal y un número de pequeñas islas.

La ciudad capital y más grande es San Juan. El territorio no observa cambio de hora, y sus idiomas oficiales son el español, que es predominante e inglés...

PUERTO RICO HOY EN DIA

Los puertorriqueños son ciudadanos de los Estados Unidos. El puertorriqueño no tiene voto en el Congreso de Estados Unidos, que gobierna el territorio con plena jurisdicción bajo la ley de relaciones federales de Puerto Rico del 1950.

Como territorio de Estados Unidos, los ciudadanos estadounidenses que residen en la isla no pueden votar por el presidente y vicepresidente de los Estados Unidos.

Sin embargo, el territorio opera bajo una Constitución local, permitiendo a sus ciudadanos elegir a un gobernador.

Un referéndum del 2012 mostró a una mayoría 54% del electorado no estuvo de acuerdo con "la forma actual del Estado territorial," con un estado completo como la opción preferida entre los que votaron por un cambio de estado.

Tras esta votación, la Asamblea Legislativa de Puerto Rico promulgó una resolución concurrente para solicitar el presidente y el congreso de los Estados Unidos para poner fin a la situación actual y para comenzar el proceso para admitir a Puerto Rico a la Unión como estado.

A partir de 2016, Puerto Rico sigue siendo un patrimonio común de los Estados Unidos.

El pueblo tuvo el derecho para emitir su voto hasta las 3:00 p.m., y en menos de tres horas tras el cierre de los colegios, se informó que la estadidad prevaleció ante las otras fórmulas de estatus incluidas en el plebiscito dispuesto por la Ley para la Descolonización Inmediata de Puerto Rico, Ley 7 de 2017.

La Ley 7 de este año, explica que el secretario de Estado notificará al Congreso y al presidente de los Estados Unidos sobre el desenlace de la consulta.

Pregunta del Referéndum

El referéndum 2017 ofrece cuatro opciones:

Estadidad, independencia, libre asociación y "Estado Territorial". Si la mayoría de la gente votó por la independencia, libre asociación, una segunda votación hubiera sido celebrada para determinar la preferencia: plena independencia como una nación o estado libre asociado con independencia, pero con una "libre y voluntaria asociación política" entre Puerto Rico y los Estados Unidos.

La "White House Task Force" en Puerto Rico, ofrece los siguientes detalles:

La asociación libre es un tipo de independencia. Un pacto de libre asociación establecería un acuerdo mutuo que reconoce que los Estados Unidos y Puerto Rico están estrechamente relacionados en formas específicas que se detallan en el Pacto.

Pactos de este tipo se basan en la soberanía nacional de cada país y cada nación puede rescindir unilateralmente la asociación. El Pacto de libre asociación habría cubierto temas como el papel de los E.E.U.U. militares en Puerto Rico, el uso de la moneda de los Estados Unidos, tratado de libre comercio entre las dos entidades, y si Puerto Ricans es los E.E.U.U. ciudadanos.

Gobernador Ricardo Rosselló estaba fuertemente a favor de la Estadidad para ayudar a desarrollar la economía y ayudar a "resolver nuestro dilema colonial 500 años... Colonialismo no es una opción... Es una cuestión de los derechos civiles... 3.5 millones los ciudadanos que buscan una democracia absoluta,"dijo a los medios de comunicación.

Los beneficios del estado incluyen un adicional $ 10 billones al año en fondos federales, el derecho a votar en las elecciones presidenciales, mayor seguridad Social y Medicare beneficios y el derecho de sus administraciones y municipios para declararse en bancarrota. Este último está actualmente prohibido.

Aproximadamente al mismo tiempo como el referéndum, se esperaba que los legisladores de Puerto Rico votan sobre un proyecto de ley que permitiría al gobernador para redactar una Constitución y celebrar elecciones para elegir senadores y representantes al Congreso federal.

Sin importar el resultado del referéndum, acción por el Congreso de Estados Unidos sería necesario implementar cambios en el estado de Puerto Rico bajo la cláusula Territorial de la Constitución de Estados Unidos.

El referéndum fue boicoteado por los principales partidos contra estado por varias razones. Una razón es que el título de la votación afirmó que Puerto Rico es una colonia.

El Partido Democrático Popular, PPD. históricamente ha rechazado esa noción. Del mismo modo, en la opción para mantener el status quo, la balota también afirmó que Puerto Rico está sujeto a las energías plenarias del Congreso de Estados Unidos, una noción que también históricamente rechazada por el PPD.

Asimismo, en la opción de 'independencia y libre asociación', la votación afirmó que Puerto Rico debe ser una nación soberana para entrar en un pacto de libre asociación con Estados Unidos. Los partidarios del movimiento de libre asociación rechazan esta noción.

Tradiciones

Los Tres Reyes Magos

La talla de santos en madera es una de las tradiciones populares más antiguas de Puerto Rico. Es muy común en las Promesas de Reyes que los asistentes lleven figuras de los Tres Reyes Magos.

En Puerto Rico, al igual que en los demás países latinoamericanos y en España, el 6 de enero se celebra el Día de Reyes, tradición me-diante la cual se conmemora la Epifanía, o la visita de los Reyes Ma-gos para adorar al recién nacido niño Jesús.

La festividad tiene gran importancia cultural en Puerto Rico, ya que antiguamente durante la temporada navideña este era el día princi-pal de fiestas. Tal es su importancia, que en Puerto Rico se acuñó el verbo reyar, el cual significa salir en grupos a pedir aguinaldos, o re-galos.

Tradicionalmente, se han identificado a los Reyes con los nombres de Gaspar, Melchor y Baltasar. En Puerto Rico, se dice que estos son las tres estrellas que forman el cinturón de la constelación de Orión, visible durante los meses de invierno en el hemisferio norte.

Quienes guardan una especial devoción a los Tres Santos Reyes celebran la tradición de la Promesa de Reyes.

La Promesa de Reyes es la costumbre de invocar a los Santos Reyes Melchor, Gaspar y Baltasar, para su intervención en un momento de necesidad, para la solución de alguna situación que está fuera de su alcance. A cambio de la petición concedida, quien celebra e invita, hace un pacto o compromiso de pagar esa promesa.

La Promesa de Reyes se asemeja a un rito de la Iglesia Católica cono-cido como el rosario cantado. En este tipo de rosario, se intercalan canciones entre los distintos rezos.

Las Promesas de Reyes, además de celebrarse en los hogares de quienes guardan devoción hacia ellos, también se han comenzado a celebrar en algunas instituciones culturales.

En estos casos, además de la presencia de los familiares y conocidos de quien guarda la promesa, también asisten personas que no necesariamente conocen al organizador personalmente, sino que se enteraron de la celebra-ción y, ya sea en solidaridad o por el valor de la experiencia cultural, deciden unirse a la actividad.

Si usted se encuentra en Puerto Rico alguna vez durante la temporada navideña, intente averiguar dónde se estará celebrando una Promesa de Reyes. Independientemente de sus creencias, la experiencia de poder vivir una de las tradiciones populares puertorri-queñas más antiguas es una oportunidad única de sumergirse en la música y cultura del país más allá de lo que la mayoría de los turis-tas conocen y lo acompañará por el resto de su vida.

Capítulo 8

El Nacimiento

En aproximadamente 11:30 p.m. Sábado, 15 de enero del 1949, Guadalupe y su madre, Dolores, estaban disfrutando de una brisa agradable, cuando de repente; escucharon a lo lejos a Digna...

Guadalupe miro a su madre y dijo, "Ya llego la hora de que tanto esperábamos". Aunque Guadalupe sólo dio a luz a Vicente Pagan, mi tío más joven, estaba muy ansiosa por ayudar a su madre con el nacimiento de su primera nieta.

Se levantó de su silla y caminó muy rápido al cuarto de Digna. Digna era joven y saludable; sin embargo, ella estaba muy nerviosa porque esto iba a ser su primer bebé. Pregunto por su esposo, pero estaba en un velorio de uno de sus vecinos que habían fallecido ese mismo día.

Mamá Dolores, una partera con licencia, había asistido a muchas mujeres con sus partos. Fueron un montón de niños que había recibido; pero este parto era diferente porque iba ser su bisnieta.

Ambas mujeres preparon el cuarto para la de bienvenida del bebé. Digna no tenía miedo porque sabía que Guadalupe y Dolores estaban listas. Ambos tenían la experiencia y siempre estaban en servicio 24/7 para ayudar a la comunidad antes de que el médico llegara a las casas.

Guadalupe se sentó junta a Digna y sosteniendo su mano, le contaba historias sobre todos los nueve bebés que había dado a luz y su última fue a sólo dos meses atrás. Con historias y mucha atención, sólo le tomó a

Digna cerca de dos horas para dar a luz a una hermosa niña, Norma Iris Pagan Morales.

Mamá Dolores estaba cansada, pero no pudo resistir de sostener a su bisnieta. El bebé se limpió y se colocó al lado de su "Mamí".

Digna no podía creer que esta hermosa criatura era su hija. Su esposo Juan llegó corriendo a la habitación y empezó a llorar cuando vio a su esposa y su hija.

Al día siguiente, un médico vino a ver la madre y a la niña. Estaban en excelente estado. La recién nacida pesó 8 libras y era de 19 pulgadas de largo. El doctor fijó la hora exacta, fecha y nacimiento del bebé. Él se aseguró de que tenía toda la información necesaria que se documentaria en el acta de nacimiento...

Digna y Juan decidieron nombrar la bebé Norma porque en aquel momento una novela muy popular "Norma" se escuchaba en la radio en todo Puerto Rico.

El segundo nombre "Iris" porque sus ojos brillaban con tanta belleza. Era como un arco iris después de la lluvia. Ella fue recibida por nueve tíos.

Así que, Norma Iris Pagán Morales, era la bebé más afortunada. Era la primera nieta en el lado de su padre. La gran familia de su madre también estaba presente en el día que lleguo.

Sus padres han estado viviendo con sus familiares desde que se casaron. Ahora con el nacimiento, tenían que pensar en conseguir su propio hogar. Estaban viviendo con sus famliares porque padre e hijo estaban en la Guardia Nacional. Digna no quería estar sola mientras Juan estaba sirviendo a su país.

Cuando Guadalupe supo que Juan y Digna estaban planeando en mudarse, ella comenzó a llorar. Quería añadir una habitación a su casa porque estaba acostumbrando a estar con Norma. Cada mañana, Guadalupe cuidaba a su hijo menor Villen y a Norma. Cada uno tenía sus tareas en esa gran familia feliz.

Juan era muy firme con su decisión de mudarse a su propia casa. Mis abuelos estaban muy tristes, pero al mismo tiempo feliz por mis padres. Como el trabajaba con ingenieros, no tenía ningún problema en conseguir permisos para construir.

Permítanme también mencionar, que mi papá también era un plomero y electricista con licencia.

Un par de semanas después de que yo naciera, mi padre y sus amigos comenzaron a construir una casa justo al lado de mis abuelos.

Cuando se terminó la casa, tuvieron una gran reunión familiar.

Fue doble celebración porque vino familia de mi madre. Vinieron a vermi y también para felicitar a mis padres con su nueva casa. Fue una fiesta que duro todo el día para la familia Morales y Pagán.

Mi madre estaba muy feliz conmigo y también disfrutaba decorar su casa propia...

Yo estaba creciendo muy rápido. Cada mes mi mamá me llevaba al doctor para un chequeo de rutina. Cuando tenía seis meses de edad, el doctor les dijo a mis padres que yo estaba listar para dejar a la leche materna. Mi abuelo nos visitaba todas las tardes.

También me cantaba. Lo disfruté mucho. Eso es lo que me dijeron por supuesto...

Cuando tenía dos años, mi madre comenzó a sentirse mal por las mañanas. Ella fue al doctor y el le informó que estaba embarazada. Ya tenía un mes de embarazo. Ella se sintió muy feliz porque ya yo estaba creciendo demasiado rápido y necesita un hermano o hermana para jugar.

Mi padre se puso muy contento al escuchar la noticia; sin embargo, le dijo a mi madre que esperaba que fuera un niño. Mi abuelo se puso muy emocionado cuando se enteró de que iba a ser abuelo una vez más.

Se dirigió a la barra de la esquina y les compró bebidas a todos. Papá Julio no le importaba si era un niño o niña. Sólo quería a un nieto sano.

Capítulo 9

Padre e Hijo Luchando Por La Misma Causa

En la primavera del 1950, el ejército de la Guardia Nacional estaba entrenando a cada soldado más duro que nunca. Todo el mundo sabía que pronto la Guardia Nacional se movilizaría.

Mi madre y mi abuela estaban tristes durante esos días porque sabían que todos los miembros de la familia se tenían que ir a Corea.

Mi madre estaba embarazada de su segunda hija y tenía que estar con la familia de mi padre. Ella estaba avanzada con su embarazo. Ya no podía trabajar alrededor de la casa.

Mi abuela, Guadalupe, la dejaba descansar porque pronto iba a nacer mi hermana. Esta vez, mi abuela, Guadalupe y mi bisabuela Dolores, tenían un mal presentimiento acerca de esta niña.

Mi madre siempre estaba demasiado cansada y no quería comer. Supongo que estaba enferma porque no podía ver a mi padre. El y mi abuelo tenían que permanecer en la base. Estaban en entrenamiento en la Guardia Nacional. Pronto tenían que salir con destino a Corea.

En octubre 20 de 1950, mi madre comenzó a tener contracciones. Duraron más horas de lo que se esperaba. Ella dio a luz a otra niña, mi hermana Adelin. Mi abuela Lupe y bisabuela Dolores estaban felices porque la bebé era pequeña pero saludable.

Mi madre quería saber del paradero de mi padre. Mi padre y mi abuelo no podían salir de la base. El entrenamiento era en Lucille Field base hoy se conoce como Fort Allen en Juana Díaz, Puerto Rico.

Mi padre y abuelo estaban felices porque el bebé estaba bien. Ambos querían ir a la casa, pero todos los pases fueron denegados. Mi padre se puso furioso. Sólo quería un pase de una hora para ver a su esposa y su hija.

La respuesta del comandante fue no. Mi padre decidió saltar la verja. Por lo tanto, cuando su unidad entró en receso, empezó a caminar muy rápido. Había campos de caña de azúcar y fincas antes de llegar a la carretera principal.

Tan pronto como llegó a la calle, un coche se detuvo y para sorpresa de mi padre, era su comandante. El jefe lo miró y le dijo que entrara al coche. Mi padre se sorprendió porque él fue escoltado a Ponce para ver a mi madre y mi hermana.

El comandante le dijo que permaneciera el resto de la noche, pero que regresara a la base al día siguiente. Mi madre estaba contenta cuando vio a mi padre. Adelin ya estaban al lado de mi mamá cuando mi papá llegó. Toda la familia paso una noche maravillosa.

Durante los siguientes meses, las cosas estaban muy mal. Un montón de soldados fueron enviados a Corea. Mi abuelo y mi padre estaban esperando sus órdenes.

Nuestra nación se enfrentaba unos momentos bien críticos de esa época. Puerto Rico estaba esperando y dispuestos a combatir en Corea.

Yo me siento orgullosa de decir que mi padre, CSM Juan José Pagán Rodríguez, de la Guardia Nacional de Puerto Rico y mi abuelo, Sargento Julio Pagán Torres, ya fallecidos, estaban entre los valientes soldados que lucharon por nuestro país en uno de los más sangrientos conflictos.

Para entender la conmoción que estaba sucediendo en los Estados y Puerto Rico, le doy algunos datos de lo que nuestros soldados se enfrentaban durante ese tiempo...

Julio 1, del 1950, la División 24 de infantería del ejército se convirtió en la primera tropa de Estados Unidos para llegar a Corea. Fueron trasladados desde Japón pasando por el puerto de P

Las tropas tomaron posiciones en Taejon, unas 75 millas al sur de Seúl. Un par de días más tarde julio 19, del 1950, el 25 de infantería llegó seguido por la 1ra Brigada Marina y la 2ª división de infantería a fines de julio.

Las cosas estaban empeorando en Corea que en julio 20, de 1950 las caídas aumentaban. Más de 2,400 hombres y 30% notificaron muerto. Taejon cayó debajo de los brazos del enemigo. Todos los americanos y el resto del mundo estaban alarmados.

Esto quiso decir que muchos iban ser llamado para servir en las fuerzas armadas. Los Reservistas y la Guardia Nacional iba ser movilizada.

Puerto Rico, una Hermosa isla en el Caribe, y una pertenencia común de los Estados Unidos, se estaba preparando. No había cultural o barreras del idioma para eso hombres valientes. Los "Boricuas" fueron bien entrenados. Tres miembros de mi familia estaban en la Guardia Nacional.

Ellos sabían que faltaba poco tiempo para la guardia ser activada. Los tres estaban listos para servir a su nación. Eran Sgto. Julio Pagán Torres, mi abuelo, asignado a 65 infantería 4 ametralladora 30 calibres, 4Sgto. Juan J. Pagán Rodríguez, mi padre, asignado a 65 infantería pesada Co. Mortal y el más joven, mi tío, Cabo Julio Pagán Rodríguez asignado a la artillería.

Al principio de septiembre, las nuevas tropas estaban listas para el combate en unidades, Fue movilizada la Guardia Nacional de Puerto Rico el septiembre 10 de 1950.

Cada familia Boricua estaba preocupada porque sus seres queridos se irán a una tierra desconocida. Muchos nunca habían estados en el extranjero. Ahora, tienen que enfrentar muchas dificultades.

No pasó mucho tiempo para una familia humilde en Ponce, escuchar las peores noticias. Sus hijos y esposos iban a salir con rumbo a

Corea. Esto era terrible porque todos los tres soldados fueron asignados a infantería o artillería.

Las mujeres estaban devastadas cuando escucharon las noticias por la radio. El Sgto. Julio Pagán Torres y el Sgto. Juan J. Pagán Rodríguez recibieron sus órdenes. La unidad, del 65 de infantería se está movilizando. Cabo Julio Pagán Rodríguez no era llamado en este momento.

El 65 de infantería fue dividido. Eso significaba padre e hijo se separaron. La 296 infantería fue enviada a Tortuguero. Fueron divididos en tres grupos, 2 a Juana Díaz y 3 a Cayey.

Capítulo 10

Esperando lo Peor

La Guardia Nacional de Puerto Rico comenzó a dar órdenes. Nadie tenía tiempo para hacer preguntas. No importaba si había un solo superviviente en la familia. Los hombres tenían que viajar al extranjero y luchar por su país.

El Sgto. Juan J. Pagán Rodríguez estaba dispuesto a luchar; sin embargo, él tenía una esposa joven y dos niñas pequeñas. Sgto. Julio Pagán Torres tenía también más jóvenes. Tenían un gran problema. También era una posibilidad que el Cabo Julio Pagán Rodríguez podría ser llamado a servicio activo. Querían servir, pero tenían una familia.

Al día siguiente, padre e hijo decidieron hablar con su comandante. Al comandante le pareció bastante inusual de que dos miembros de la misma familia fueran llamados para servicio activo.

Él escuchó su petición y escribió toda la información dada por mi padre y mi abuelo. Les dijo que el Sgto. Juan Pagán Rodríguez fue elegido para ir a Corea y que el Sgto. Julio Pagán Torres permanecerá en Puerto Rico.

Lo que sigue, no sólo los pondrán a llorar, pero también los pondrán a pensar…

En noviembre del 1950, el Sgto. Juan J. Pagán Rodríguez les dijo adiós a su amada esposa y su familia. Tenía sólo 22 años, pero estaba plenamente consciente de su compromiso. Su padre le prometió que se haría cargo de toda la familia. El Sgto. Juan J. Pagán Rodríguez sólo dijo: " bendición papito" y entro en la guagua...

Muchos Boricuas también salían de Puerto Rico. Esto fue el día más triste de toda la isla. Fue muy difícil decir adiós. El 65 de infantería ya había enviado soldados a Corea.

Los primeros soldados de la infantería hicieron historia en toda la nación. Eran conocidos como "Los Borinqueneers". El regimiento 65 de Infantería comenzó la invasión enero 31 de 1951.

La familia del Sgto. Juan José Pagán Rodríguez estaba muy confusa durante esta crisis. ¿Por qué? Justo después de que el Sgto. Juan J. Pagán Rodríguez saliera de Puerto Rico, su padre, el Sgto. Julio Pagán Torres, recibió nuevas órdenes.

Esas órdenes decían que el iba salir para Corea en diciembre de 1950. Este fue el peor regalo de Navidad que alquilen podía recibir.

El Sgto. Julio Pagán Torres fue enviado a Corea. Le dijo a su esposa, Guadalupe, "No te apures, todo va a salir bien". Él no podía mira a su yerna, Digna. Ella estaba sosteniendo a su hija menor Adelin.

Digna estaba muy triste para decir adiós. Sgto. Juan J. Pagán Rodríguez salió de la isla meses antes y nadie sabía de su paradero. Las muchas visitas a la Cruz Roja fueron hechas en vano. Sgto. Julio Pagán Torres fue incluso a su comandante para una respuesta de su visita anterior.

El comandante pidió disculpas por el tremendo lío y declaró que lo lamentaba. Sgto. Pagán Torres le preguntó sobre sus órdenes. El comandante le dijo que fueron revocadas porque llegaron tarde a Washington. La comunicación era muy lenta en esos tiempos...

Malas vibraciónes en las líneas de fuego…

El Sgto. Juan J. Pagán Rodríguez ya estaba peleando en Corea. Llegó a Corea en enero de 1951 y en ese momento estaba impaciente. Había estado lejos de su familia durante casi dos meses y no había recibida ninguna noticia.

Fue difícil recibir algo donde el estaba estacionado. Su nueva familia adquirida era sus amigos y compañeros BORICUAS. Todos ellos estaban esperando cualquier tipo comunicación de Puerto Rico.

En Ponce, Puerto Rico, las cosas no estaban bien. Con el sostén de la familia afuera, no era fácil criar a todos esos hijos. Guadalupe y Digna estuvieron que ir a la Cruz Roja. Querían oír noticias de sus esposos. La Cruz Roja aseguró que padre e hijo estaban bien.

Le facilitaron alimentos y dinero de emergencia. Digna estaba realmente preocupada porque la hija más pequeña, Adelin, estaba muy enferma. Adelin era una niña frágil y necesita atención médica. La Cruz Roja al ver al bebé, la envió a los mejores médicos. La niña fue bien atendida y recupero dentro pocos meses. A finales de febrero, las tropas fueron enviadas al frente una vez más...

EN COREA

Una mañana, el Sgto. Juan José Pagán Torres fue ordenó con su tropa a un área designada. El Sgto. Pagán Torres se lo informó a sus hombres y comenzaron a caminar. Fue un día frío y mucha nieve en el suelo.

Los soldados todavía estaban tratando de acostumbrarse a ese mal clima. Estaban todos melancólicos porque extrañaban su soleado y caliente Puerto Rico. No fue fácil mantener a esos soldados motivados. No sabían nada de sus familias durante meses.

Cuando comenzaron a caminar, El Sgto. Pagán Torres comenzó a hacer chistes. Los soldados se sentían a gusto. Llegaron a su punto de destino. Hubo muchos heridos y otros estaban sufriendo del frío. Sgto. Pagán Torres y su tropa relevaron a aquellos hombres.

El fuego nunca cesó. Sgto. Pagán Rodríguez estuvo ensu puesto durante casi una semana. Todos los soldados en esa área tenían mucha hambre y también sus uniformes estaban bien sucios.

El Sgto. Juan J. Pagán Rodríguez todavía se mantenia luchando a pesar de que él no había recibido ninguna noticia de Puerto Rico. De repente, recibió un mensaje.

Se le ordenó que se reportara al comandante. El joven sargento se sorprendió, pero al mismo tiempo estaba feliz de tomar una ducha y cambiar su uniforme. Él fue escoltado a su superior y para su sorpresa...

Sgto. Julio Pagán Torres lo estaba esperando. Palabras no podían describir la emoción que sentían aquellos dos seres humanos. Lágrimas de alegría se rodeaban hacia abajo de sus caras.

Sgto. Pagán Rodríguez pregunto a su padre sobre la familia. ¿También estaba confuso con la llegada de su padre... ambos... en Corea?...

El comandante del 65 de infantería le dijo a ambos padre e hijo que tendrían que esperar por nuevas órdenes. También les dijo que se irán para Puerto Rico pronto...

Esas órdenes nunca llegaron. El Sgto. Juan J. Pagán Rodriguez una vez más fue separado de su padre...

Pasaron un par de días...

El sargento Juan J. Pagán Rodríguez y sus hombres iban a otro campamento.

Tenían un par de jeeps con un montón de provisiones. Sgto. Pagán Rodríguez veía una tropa adelante de él. Iban para el mismo sitio. En ese momento, el Sgto. Juan Pagán Rodríguez recibió la sorpresa de su vida. Su padre, Sgto. ¡Julio Pagán Torres fue uno de esos hombres! Llamó a su padre y ambos se montaron en el mismo jeep.

Una vez que llegaron a su área designada, llamó su nuevo comandante. Esta vez les dio órdenes escritas. Fue la mejor noticia que recibió el Sgto. Pagán Rodríguez. Iba a su casa y su padre se iba con él sano y salvo.

Sgto. Pagán Rodríguez y Sgto. Julio Pagán Torres no querían ser parte de la gran recepción que le tenían en Puerto Rico...

Eran el primer padre e hijo con el mismo uniforme y luchando por la misma causa, pero sólo querían ver a su familia.

Fueron a Ponce sin ser visto. Un taxista fue el único testigo cuando llegó a su casa. Había unos pocos reunidos al frente de la casa. Ninguno de ellos estaba consciente de que un taxi se había detenido allí.

Los dos sargentos bajaron del taxi muy reservado y abrieron la puerta. Digna y Guadalupe empezaron a correr cuando los vieron. Fue un gran día para la familia Pagán.

Sargento Julio Pagán Torres y Sgto. Juan J. Pagán Rodríguez fueron los primeros padre e hijo para servir a la nación. Estaban en combate junto y junto regresaron a Puerto Rico.

La guerra de Corea trajo a soldados puertorriqueños su mayor visibilidad, mejores premios y muchas pérdidas. Había 43, 434 puertorriqueños en esta guerra y 39, 591 de ellos eran voluntarios.

El 65 de infantería fue elegido para proteger la nación. Ello recibió reconocimientos por su valentía. También fueron los últimos soldados de abandonar la zona de combate... Algunas balas estaban volando por encima de ellos cuando estaban abordando la nave para evacuar...

Un gran saludo a nuestros héroes «BORICUA» nunca los olvidaremos. CSM Juan J. Pagán Rodríguez estaba muy orgulloso de ser soldado durante el conflicto de Corea...

Mi Héroe

Cuando se convirtió en un NCO...
Usted aceptó muchas responsabilidades
Cuando se convirtió en un padre...
Usted aceptó muchas responsabilidades
Eres un guía ejemplar,
Un entrenador y un padre amoroso...
Mi héroe...
Estoy aquí sentada pensando,
Tantos pensamientos me vienen a la mente...
Mi padre y el soldado...
Ocupado con su familia

Ocupado con su tropa...
Dos tareas estrechamente relacionadas
Es fuerte ser un "Army Non-Commissioned Officer"
La sabiduría de muchos años te hizo un gran líder...
La sabiduría de muchos años te hizo un padre ejemplar...
Te Saludo querido Padre...
Te Saludo por todos los años que dedicaste a nosotros
Y a nuestra nación...
Que Dios los bendiga...
¡Y que Dios bendiga América siempre!

Mi Padre

Fuiste uno de los primeros que me vio nacer...
Yo no sabía al principio, que eras mi padre
y más tarde te convertiste en mi héroe...
Fuiste uno de los primeros que me hechizó con tu mirada
Siempre te elegí sobre mis peluches...
Me gustaba cómo me cogías...
Me levantabas por encima de tu cabeza
y volaba como un ave...
Cuando empecé a crecer,
Me enseñaste a levantarme y andar.
Usted me guio tan cuidadosamente para que no callera.
Una vez que empecé a caminar por mi cuenta,
Usted se quedaba parado cerca en caso de que me callera...
Si me caía, me levantaba y me limpiabas las lágrimas
Me daba un beso para que mi dolor se alejara...
Una vez que llegue a adolecente,
No necesitaba su ayuda para caminar,
Pero necesitaba su amor y su tiempo.
Jugamos béisbol y si no podía correr las bases,
Me levantaba y corría conmigo...

Siempre me hacía sentir especial
Usted me enseñó a luchar y no tener miedo de nada.
Me ayudaste a comprar mi primer auto en mi rango de precio
Y también me mostró cómo cambiar las gomas...
Yo era la única de mis amigas que sabía hacerlo
Hiciste casi cualquier cosa para verme feliz...
Usted siempre me animó a intentar mi mejor esfuerzo.
Usted me apoyo ciento diez por ciento...
Me he dado cuenta de que soy mucho como tú
Me ayudaste a darme cuenta
Que el sentido común no es tan común
También me enseñaste a ser astuta
Siempre he seguido en tus pasos de ser inteligentes
Me enseñaste cómo tratar a las personas
y cómo conseguir lo que quería...
Cada vez que alguien me dice: "eres igual que tu papá"
No pudo evitar una sonrisa...
No eres solo mi papá, eres mi héroe...
Recuerdo muchas noches…
Cuando permaneciste hasta tarde
Ayudandome con mi trabajo de la escuela
Yo odiaba matemáticas,
Pero hiciste que álgebra y geometría fuera simple...
Estoy grande ya, sin embargo,
Todavía necesito tus abrazos de oso amorosos
Y tus palabras de sabiduría.
No olvides que siempre seré tu niña
Y siempre vas a ser mi padre amoroso y héroe
Te amo papá

Capítulo 11

El Bautizo

En octubre del 1952, la familia Pagán estaba celebrando una vez más. Mi padre y mi abuelo regresaron de Corea sano y salvo. También, muchos de sus amigos cercanos estaban entre los héroes durante el conflicto coreano.

Mis padres decidieron hacer una gran fiesta porque todos sus amigos y familiares están unidos como en los viejos tiempos. Ya que mi hermana y yo no estábamos bautizadas, decidieron tener el bautizo el mismo día. Yo tenía 3 años y mi hermana de 2 años.

Aunque era muy joven, recuerdo la ceremonia en la iglesia, la fiesta y los invitados. Mi hermana no recuerda nada.

Lo que muy bien recuerdo de mi bautizo fueron los trajes hechos por mi abuela Mamá Lupe. Los vestidos eran todo en satin. Los zapatos eran blancos con un lazo al lado. Mi hermana y yo parecíamos dos hermosas princesitas de un cuento de hadas.

En la iglesia San Conrado en Ponce, Puerto Rico
Los Poemas de Bautizo

La admisión de las niñas recién bautizadas, Adelin y Norma en la familia cristiana. También transmitían felicitaciones a los padres y padrinos.

Había un poema dicho durante la ceremonia de rituales. Al final de la ceremonia, otro poema para los padrinos. Este poema se trataba específicamente de la relación entre padrinos y ahijados. También puede ser un mensaje sobre el deber de los padrinos o el honor de ser padrinos.

He oído esa historia de mi mamá y abuelas.

En La Fiesta

Lo que recuerdo de la fiesta fue el asado de un cerdo. Mi padre contrató a un par de hombres para hacer el asado. Mis dos abuelas estaban demasiado ocupadas saludando a los invitados. Mi madre ocupada con mi hermana y conmigo.

Mi primo Luis Antonio estaba encargado de hacer el helado. Lo bueno de esta fiesta era que toda la familia participó en todo.

Recuerdo a mi padre cortando grandes bloques de hielo para los refrescos, cerveza y jugos. Mientras él estaba poniendo el hielo en cubos de hierro enorme, se cortó la mano. Había sangre por todo el lugar. Le dijo a mi abuelo que era sólo un arañazo y siguió con su trabajo.

Eran tan lindo eso tiempos….

Una cosa que ocurio fue cuando estábamos abriendo los regalos.

Recivimos unas muñecas bien grandes. Eran idénticas con traje rosita y un cabello rubio. A mi me gustaron muchísimo, pero a mi hermana le dio miendo. Esas muñecas tenían una mirada estraña. Tenian unos ojos bien grandes. Luego les dire que paso con las muñecas.

Tambien recibimos libros para aprender a leer. Eramos unas niñas muy especiales porque nos gustaba jugar con libros y bloques que tenian el alfabeto. Yo como siempre era la maestra. Mi hermanita repetia todo lo que yo le decía. Ella aprendio a leer a los 3 años. Tenia que ser asi por yo era su profesora…

Mis abuelos nos regalaron un lindo juego de cuarto con dos camitas bien linda. Ellos dijeron que eramos muy grande para dormir en cunas de bebes.

Pues si, fue un dia precioso. Nunca lo olvidare…

Capítulo 12

Creciendo en Puerto Rico

Pasaron los años, y yo fui creciendo muy rapidamente. Me estaba convirtiendo en una niña muy responsable. Yo siempre estaba dispuesta ayudar a mi madre con mis hermanos...

A finales de 1954, mi familia se estaba expandiendo. Tenía dos hermanos y una hermana. Mi madre necesitaba ayuda de sus suegros, pero eso no era suficiente.

Ambas abuelas, Guadalupe y Ceferina me enseñaron a cocinar y limpiar. Incluso, yo había inventado mis propias recetas con la ayuda de mi bisabuela Mama Dolores.

Durante el 1957, mis padres compraron una casa más grande todavía cerca de mis abuelos. Estábamos bastante contentos...

Yo me pasaba mucho tiempo jugando con mi hermana Adelin. Cuando Juan estaba aprendiendo a caminar, Julio estaba aprendiendo a comer arroz y habichuela.

Jugué mucho con otros parientes. Mis tíos, en el lado de mi padre, era cerca mi edad. Siempre me estaba riendo porque mis tíos intentaron enseñarme cosas de nenes y mis tías estaban tratando de enseñarme como a jugar con muñecas.

Antes que se me olvide, les tengo que decir que paso con las muñecas lindas que recibimos en el dia de nuestro bautizo. Pues como Adelin le tenía miendo, mi madre decidio guardarlas hasta que estabamos más grande.

A mi no me interesaba mucho jugar con muñecas porque yo quería hacer lo mismo que mis tios....

Una tarde mi madre estaba limpiando nuestro cuarto. Miro hacia una tablilla alta donde teiamos peluche y las muñecas. Las bajo y nos llamo. Adelin ya tenía 4 años, pero todavía le daba miedo ese muchecas. Cuando mi tio Villen oye lo sucedido, empezó a decir que tenias que hacer algo.

Entre Villen y yo cojimos una de la muñeca y comenzamo a abrila por el medio. Queriamos saber que tenia adentro. Tambien le sacamos los ojos. Que paliza recivimos cuando mis padres vieron lo que hicimos.

Despues de la paliza, Villen y yo estábamos contentos porque destruimos una de las muñecas. Nunca pudimos coger la otra...

Tantas cosas nos pasaron cuando viamos en Puerto Rico....

Recuerdo una vez que mi tía Ana Dolores y yo le suplicó a Mama Lupe que nos dejara un gallinero para convertilo en una casita de munecas. Habia uno vacia en el patio. Por lo tanto, mi abuela estaba ocupada como siempre. Ella realmente no estaba escuchando a mi tía y a mí. Ella nos dijo que cojieramos cualquiera de las jaulas y la dejara trabajar en paz.

Corrimos afuera y comenzamos a limpiar el lugar. Yo estaba barrido mientras mi tía iba dentro de la casa a buscar unas sillas pequeñas. Colocamos las lindas sillitas con mesas en un rincón. Mi tío Villen instalo alfombras.

Mi tio Moncho comenzó a pintar el exterior de la casita. Estaba empezando a parecerse a una casa de muñecas. Mi otra tía Lucy ya estaba viviendo en Nueva York, pero le dijimos que nosotras nos encargaremos de sus muñecas.

Cuando terminamos la casa de muñecas, todos salimos a admirar nuestro trabajo. Todos estuvimos de acuerdo que hicimos una obra maestra.

Mi tío Kike no sabía acerca de nuestro proyecto ni mi padre. Llegaron con algunos pollos y no dijeron nada a nadie. Estaba oscureciendo y mi padre me llevó a mi hermana y a mi a nuestra casa...

Al dia siguiente, mi hermana y yo nos levantamos bien temprano. Hibamos a llevar nuestros juguetes favoritos a nuestra casa de munecas.

Mi madre nos dio unas almohadas y otras cosas para la casita. Cuando mi hermana y yo llegamos, a la casa de mi abuela, nos enojamos mucho. Encontramos a mi tía Ana Dolores llorando. Moncho y Villen estaban también muy molestos.

Los pollos que mi padre y Kike llevaron la noche anterior destruyeron todo. Había deperdicio de aves alrededor de la pequeña casita.

Mi abuela comenzó a gritarnos y a regañarnos. Ella nos dijo que no teníamos nada que hacer en una jaula de de pollos. Le acordamos que ella nos dio permiso para utilizar todo lo que queríamos en el patio.

Mi abuela se disculpó y les pidió a mi padre y tíos que nos hicieran una casa verdadera de muñecas. Esta vez nos hicieron nuestros propios planes de propiedad de la casita. Quedo bien linda nuestra casita de muñecas. Mi abuelo limpio los muebles y una vez más Villen y Moncho pintaron todo.

Mi tía, mi hermana y yo, hicimos sándwiches y limonada para celebrar la apertura de nuestra nueva casa de muñecas. Realmente fue un trabajo bien hecho...

Capítulo 13

La Visita septiembre 1959

Todo iba bien para la familia Pagán, sin embargo, Juan quería más. Él estaba en la Guardia Nacional y tenía un buen trabajo con el gobierno. Lo que realmente quería era ir al extranjero. Él se mantuvo hablando y toda la familia insistió en que no tenía que dejar nuestra hermosa isla, Puerto Rico.

Una tarde de otoño, tuvimos una visita familiar del lado de mi madre. Era su hermano mayor. Vino para una corta visita de Nueva York. Estaba feliz de vernos a todos.

Cuando mi tío estaba a punto de irse, mi padre le comento que queria mundarse para Nueva York. Mi tío escuchó atentamente. Le dijo a mi padre que era una gran idea.

Mi padre todavía estaba en la Guardia Nacional y era un plomero licenciado. Estaba preparado para trabajar en cualquier lugar.

Mis padres no dudaron en dar el gran paso. Pensaron sobre sus cuatro hijos. Eramos todavía muy pequenos, y no ibanos a tener ningun problema aprendiendo un segundo idioma. Tengo que admitir que me emocioné cuando me enteré de la buena noticia. Todos nosotros estábamos haciendo un montón de preguntas. La mejor pregunta fue sobre el viaje en avión...

El 9 de septiembre del 1959, mis padres prepararon nuestras maletas. Nos dijeron que mi tío Kike iba a llevarnos al areopuerto....

Durante ese tiempo, no había una autopista. Estuvimos que tomar la antigua carretera hacia el aeropuerto. El vehículo que pidió prestado mi tío era un convertible.

Mi tío Villen, Moncho y Kike estaban felices de estar con nosotras hasta el último minuto. Fue un viaje a gradable de Ponce a San Juan . Mi tío Kike acaba de conseguir su licencia de conducir, por lo tanto, él estaba volando por las calles. Disfrutamos mucho del paseo, pero cuando llegamos al aeropuerto, mis padres y abuela comensaron a gritár a mi tío Kike por exceso de velocidad…

Fue muy triste depedirnos de la familia. Yo no podia decirle adiós a Mamá Lupe. Ellos permaneciron en el areopuerto hasta que nosostro entramos en el avion. Una vez en el aeroplano, mi padre estaba disgustado porque la azafata quería ponernos en diferentes secciones del avion.

Mi papá le dijo a la señorita que teníamos las entradas con números de asiento. Cada uno de nosotros tenía nuestros prppio asiento. La razón de la confusión fue que el vuelo estaba demasiado lleno.

Había gente con los mismos números de asiento. Tomó un tiempo para nosotros sentados juntos, pero lo hicimos.

Era difícil dormir debido al movimiento del avión. Las señoras sacaron sus rosarios y comenzaron a rezar. En ese momento yo tenia mucho miedo. Pensé que nos íbamos a morir.

Capítulo 14

La Ciudad de Nueva York

La cultura puertorriqueña en Nueva York.

Antes de comenzar este capítulo, quiero decirles algo de historia porque creo que es importante.

Tan pronto el puertorriqueño llegó a la ciudad de Nueva York, comenzaron a formar sus propios pequeños "Barrios". Estos barrios están en el Bronx, Brooklyn y en el este de Harlem, que se conoce como "Spanish Harlem".

Fue en East Harlem donde el puertorriqueño estableció una vida cultural de gran vitalidad y sociabilidad. Muchos participaron en algunos de los deportes, como boxeo y el béisbol. Esto es interesante porque los deportes primero fueron introducidos en la isla por las fuerzas armadas americanas después de la guerra hispano-estadounidense.

Los puertorriqueños que se trasladaron a Nueva York se llevaron con ellos más que sus costumbres y tradiciones. Se llevaron con ellos sus famosas "piraguas". Una piragua es una pelota de hielo en forma de una pirámide. Es hielo raspado y cubierto con un líquido de sabor a frutas. Segun Holding Aloft the Banner of Ethiopia: by Winston James, las "piraguas" fueron introducidas en Nueva York por el puertorriqueño desde el 1926.

<u>Nuestros Talentosos Musicos y Cantantes</u> <u>Puertorriqueños:</u>

En "El Teatro Puerto Rico" ……

Nuestra música puertorriqueña floreció con Rafael Hernández y Pedro Flores que formaban el "trío Borincano". Había ganado reconocimiento en la ciudad de Nueva York.

No nos olvidemos de Myrta Silva, quien más tarde se unió a Hernández "Cuarteto Victoria". Ella también ganó fama como cantante después de que el grupo viajó y toco en los Estados Unidos.

El sur del Bronx se convirtió en el núcleo principal para la música puertorriqueña. Los teatros que habían servido a los grupos anteriores de inmigrantes, como los irlandeses y los italianos, por sus trabajos dramáticos o estilo vaudeville, ahora sirve a la creciente población de latinos y puertorriqueños.

Las actuaciones musicales de músicos de Puerto Rico y América Latina hicieron una gran diferencia en la ciudad de Nueva York. Familias viajaban por trenes, autos y guaguas de diferentes condados de Nueva York para visitar el histórico "Teatro Puerto Rico" ubicado en "E. 138th Street" en el Bronx.

El Teatro Puerto Rico "época dorada" duró a partir del 1947 a 1956. Este es también el lugar donde nuestro querido músico José Feliciano his stateside debut. La ciudad de Nueva York se convirtió en el centro de música "freestyle" en la década de 1980, que cantautores de Puerto Rico representaban un componente fundamental.

La influencia puertorriqueña en la música popular continúa en el siglo XXI, alrededor de grandes artistas como Jennifer Lopez...

La tercera gran ola de migración interna de Puerto Rico vino después de la segunda guerra mundial. En el 1946 casi 40.000 puertorriqueños se instala ron en la ciudad de Nueva York. En los años 1952 y 1953, 58.500.

Muchos soldados que regresaron después de la segunda guerra mundial hicieron uso de la GI Bill y fueron a la universidad en diferente parte de Nueva York.

Para las mujeres de Puerto Rico, las cosas fueron horribles en Nueva York. Se enfrentaron a explotación económica, discriminación, racismo y las inseguridades inherentes en el proceso de migración a diaria.

Permítanme señalar aun con tantas dificultades, las mujeres les fue mejor que los hombres en el mercado de trabajo. Las mujeres dejaban sus hogares para las fábricas en cifras altas.

En 1953, la migración puertorriqueña a Nueva York alcanzó su pico cuando 75.000 personas abandonaron la isla...

Política en la isla y Nueva York en 1948

Los puertorriqueños eligieron a su primer gobernador Luis Muñoz Marín, quien junto con su gobierno inició una serie de reformas sociales y económicas con la introducción de nuevos programas en la isla. Algunos de estos programas estuvieron alguna resistencia con el gobierno americano y por lo tanto, el gobierno local tenía problemas de aplicación de la misma.

En ese mismo año, el alcalde Robert F. Wagner, Jr. de Nueva York, comenzó una campaña para reclutar trabajadores puertorriqueños en la isla para trabajar en las fábricas. Wagner calculó que la ciudad se beneficiaría grandemente por el engañar de lo que fue considerado como "mano de obra barata".

La discriminación fue generalizada en los Estados Unidos y no fue diferente en Nueva York. Tal como dicia Lolita Lebrón, habían caltelones en restaurantes que decian " ni perros ni P uertorriqueños permitidos".

El partido nacionalista de Puerto Rico estableció una oficina en Nueva York en 1950 y cautivó a muchos inmigrantes. Dirigentes del partido concibieron un plan que implicaría un ataque a la Casa Blair con la intención de asesinar al presidente Harry S. Truman de los Estados Unidos.

También iban a atacar la cámara de representantes. Estos acontecimientos tenían un impacto negativo en el puertorriqueño. Los estadounidenses miraban al puertorriqueño como antiamericano y había mucha discriminación contra ellos.

Muchos puertorriqueños fueron capaces de superar estos obstáculos y se convirtieron en respetados miembros de sus comunidades.

Entre esos miembros respetados en la comunidad puertorriqueña estaba Antonia Pantoja. Ella estableció organizaciones como "ASPIRA" que ayude a muchos compatriotas para alcanzar sus metas.

El primer desfile de día de Puerto Rico de Nueva York se celebró el sábado, 12 de abril de 1958 en "El Barrio", ubicado en Manhattan. Su primer presidente fue Víctor López y fue coordinado por José Caballero.

El gran mariscal fue Oscar González Suarez. Había muchas personalidades de Puerto Rico presente en ese primer desfile. Incluso, Luis Muñoz Marín, el gobernador, estaba presente.

El desfile fue organizado para mostrar orgullo puertorriqueño y sus tradiciones. Hoy en dia, todavía continúa el defile en la ciudad de Nueva York. Te diré que también se extiende a otras ciudades como Chicago, Illinois y Orlando, Florida.

Para el 1960, el censo de Estados Unidos demostró que había más de 600.000 neoyorquinos de nacimiento de Puerto Rico o la paternidad. Las estimaciones fueron que más de 1 millón de puertorriqueños había emigrado durante ese período.

Movimiento Nuyorican

Los Nuyorican "Poets Café" ……

Escritora puertorriqueña Jesús Colón fundó un movimiento intelectual que poetas, escritores, músicos y artistas puertorriqueños o de ascendencia puertorriqueña. Vivían en o cerca de ciudad de Nueva

York. Aquellas personas, que admiro, se conocen como el movimiento de Nuyorican. El fenómeno de los "Nuyoricans" vino cuando mucho p uertorriqueños que emigraron a la ciudad de Nueva York se enfrentaron con muchas situaciones difíciles. Estas dificultades, como la discriminación racial eran y serán el gran obstáculo del "Boricua" fuera de nuestra isla...

¿Quién es un «Nuyorican»? Él o ella es un simple P uertorriqueño que se adapto en una subcultura.

En 1980, poetas puertorriqueños Miguel Algarín, Miguel Piñero y Pedro Pietri establecieron el "Nuyorican Poets Café". Se encuentra en el "Lower East Side" de Manhattan 236 E 3rd Street, entre las avenidas B y C. Esto ahora se considera un hito de Nueva York.

En 1964, la comunidad puertorriqueña llego a 9.3 por ciento de población el total de Nueva York. Los migrantes puertorriqueños que obtuvo éxito económico comenzaron a moverse lejos de "El Barrios" y se establecieron sobre todo en el Condado de Westchester o se mudaron a otros Estados.

En la década de 1970, hemos visto lo que se conoce como migración inversa. Muchos puertorriqueños regresaron a la isla para comprar casas y para invertir en empresas locales.

Quiero señalar que los puertorriqueños han hecho muchas contribuciones importantes a Nueva York y también a la sociedad de los Estados Unidos en general. Han contribuido en los campos de entretenimiento, las artes, música, industria, ciencia, política y las fuerzas armadas.

Desde 2006, ha habido recuperación en la migración de Puerto Rico a Nueva York y Nueva Jersey. Al parecer, multifactorial apeló a puertorriquenos. Fue sobre todo por consideraciones económicas y culturales. El censo estimado para la ciudad de Nueva York ha aumentado de 723.621 en 2010 a 730.848 en el 2012.

El estado de Nueva York también ha reanudado su red inmigración de americanos de puertorriqueños desde 2006. Nueva York era el único estado a registrar un descenso en su población de Puerto Rico entre 1990 y 2000.

La población puertorriqueña del estado de Nueva York sigue siendo el más grande en los Estados Unidos. Es estimado por la oficina de censo de Estados Unidos aumentaron de 1.070.558 en 2010 a 1.103.067 en 2013.

Estado de Nueva York ganó los migrantes más de Puerto Rico, así como de otros lugares en el continente entre 2006 y 2012 que en cualquier otro estado en números absolutos.

Además, a diferencia del patrón inicial de la migración hace varias décadas, esta segunda migración puertorriqueña en Nueva York está impulsada por movimiento no sólo en la ciudad de Nueva York, sino también en áreas suburbanas alrededor de la ciudad.

Área metropolitana de Nueva York ganó el mayor número de americanos de Puerto Rican adicionales de cualquier área metropolitana entre 2010 y 2013.

Mientras los puertorriqueños comiezan ascender en la escala socioeconómica y lograr un mayor grado de ocupaciones profesionales, la comunidad también está comprando casas en pueblos suburbanos más ricos de Nueva Jersey.

Patrones migratorios de Puerto Rico, 1995-2000 Brooklyn tiene varios vecindarios con una presencia puertorriqueña. Muchos de los vecindarios étnicos puertorriqueños en Brooklyn se formaron antes de los vecindarios puertorriqueños en el sur del Bronx debido a la demanda de trabajo en el astillero de la Armada de Brooklyn en los años 1940 y 50.

Bushwick tiene la concentración más alta de puertorriqueños en Brooklyn. Otros barrios con poblaciones significativas fueron Williamsburg, East New York, Brownsville, Coney Island, Red Hook y Sunset Park.

En Williamsburg, se encuentra una avenida con el nombre "Avenida de Puerto Rico" debido a la alta densidad y fuerte territorio étnico de puertorriqueños que viven en el barrio desde la década de 1950.

El desfile del día puertorriqueño también se encuentra en la Avenida... Tambien se encuentran barrios en Manhattan que incluyen Harlem hispano y Loisaida con una populación alta de puertorriqueños. Harlem hispanol era "Harlem italiano" de la década de 1880 hasta la década de 1940.

Alrededor del 1940, sin embargo, el nombre de "Spanish Harlem" estaba llegando a ser extenso, y en 1950, el área era predominantemente puertorriqueña y afroamericana.

Vamos a echar un vistazo a Loisaida

Loisaida es un distrito en el Oeste de la Avenida A. Ese Districto consistia en originalmente los residentes de la clase obrera alemana, judíos, irlandeses e italianos.

Vivían en viviendas sin agua; la presencia alemana, ya en declive, prácticamente terminado después de la catástrofe del General Slocum en 1904.

Desde entonces, la comunidad se ha convertido de puertorriqueños y latinos en carácter, a pesar de la "gentrificación" que ha afectado el East Village y el Lower East Side desde finales del siglo XX.

Staten Island tiene una población bastante grande de puertorriqueños a lo largo de la costa norte, especialmente en los Mariners Harbor, Arlington, Elm Park Graniteville, Port Richmond y Stapleton barrios, donde la población es más o menos 20%.

En Nueva York y muchas otras ciudades, vivian puertorriqueños generalmente en proximidad cercana con otros latinos y afroamericanos. También hay una gran concentración de puertorriqueños en desarrollos de vivienda pública en toda la ciudad.

Los puertorriqueños están presentes en grandes cantidades en todo el Bronx. El Bronx tiene el porcentaje más alto de puertorriqueños de cualquier ciudad. En algunos lugares en el sur del Bronx, el español es el idioma principal.

A lo largo de la década de 1970, el sur del Bronx se convirtió conocido como la esencia de un debilitamiento de la ciudad, pero desde entonces ha hecho una recuperación.

Sigue aumentando la población puertorriqueña en Nueva York...

A partir de 1990, los neoyorquinos de ascendencia puertorriqueña, Nuyoricans, numeran 143.974. Casi 41.800 los residentes del estado Nuyoricans en 1990 habían vivido en Puerto Rico en 1985.

Según el censo tomado en el año 2000, los migrantes puertorriqueños conforman un 1,2% de la población total de Estados Unidos con una población de más 3 millones de puertorriqueños las de ascendencia puertorriqueña incluidas.

Deben tener en cuenta que los puertorriqueños son ciudadanos de los Estados Unidos. No se pueden excluir de las estadísticas del censo de población de Estados Unidos. Componen aproximadamente un 2,5% de la población total de un ciudadano del mundo. Estoy hablando sobre el interior y fuera de los Estados Unidos continentales.

En julio de 1930, Departamento del trabajo de Puerto Rico estableció un servicio de empleo en la ciudad de Nueva York...

La división de migración conocida como la "Oficina de la Commonwealth", también parte de Departamento del trabajo Puerto Rico, fue creado en 1948 y a finales de la década de 1950, estaba operando en las ciudades de ciento quince.

El Departamento de asuntos de puertorriqueños en los Estados Unidos fue establecido en 1989 como un departamento del gabinete en Puerto Rico. Actualmente, la comunidad funciona la administración de asuntos federales de Puerto Rico, que tiene su sede en Washington, D.C. y tiene doce oficinas regionales en los Estados Unidos.

Puertorriqueños en Nueva York han conservado su patrimonio cultural por participar activamente en los movimientos de diferentes derechos políticos y sociales en los Estados Unidos. Fundaron "Aspira", un líder en el campo de la educación, en 1961.

Cuando estaba en la secundaria, solía trabajar en un programa financiado por Aspira de la tarde. Mi trabajo consistía en enseñar habilidades de escritura a Puerto Ricans los adultos jóvenes. Ayudó a muchos adolescentes a puntuar alto en la "S.A.T."

Les diré que Aspira todavía es una de las mayores organizaciones sin fines de lucro nacionales Latino en los Estados Unidos. Hay otras organizaciones educativas y sociales fundados por P uertorriqueños en Nueva York. Me siento orgulloso de decir que he trabajado en el Foro

Nacional de Puerto Rico desd 1985 hasta 1994. Empecé como una "English Instructor". Fui promovido a "Head Instructor" jefe en 1986.

Me fui de esa maravillosa institución porque me ofrecieron un trabajo como profesora de inglés en el sistema público escolar.

Permítanme regresar a mi traslado a Nueva York... 10 de septiembre de 1959... Llegamos a la ciudad de Nueva York a las 4:00 a.m., sin embargo, estaba muy oscuro y tan feo. Cuando nos bajamos del avión, comencé a llorar. Adelin y los nenes mantuvieron sud bocas cerradas. Realmente no tenían idea de la situación. Estaban muy confundidos.

Ese día de otoño en 10 de septiembre de 1959 fue el mismo día que el Departamento de Sanidad de Nueva York estaba en huelga. Había basura en todas partes. El olor era desagradable que me puse a pensar en Puerto Rico.

Tuve "flashbacks" de mi habitación llena de peluches y libros que mi abuelo me había regalado. Sólo lloraba en silencio porque no quería que mis padres supieran que estaba triste. Dejé atrás más que cosas materiales. Dejé atrás a muchas personas que realmente me querian. Mi abuelo, Julio, no se despidió de nostros. No sabía que él no nos iba a ver más.

Mis padres tenían otros problemas. Realmente no teníamos un lugar para vivir. No fue fácil encontrar un apartamento de cinco habitaciones.

Mi querido tío Pedro Morales y su familia trataron muy fuerte para ayudarnos. Siempre le decían amis padre que no se preocuparan. Mi tío tenía un plan. El le informó a mi madre que había una solución.

El plan era separar a la familia. Teniamos que vivir con diferentes familiares. Mi hermana y yo nos quedamos con mi tío Pedro y los nenes se fueron a vivir con mis padres en otra parte de Brooklyn con mi tío Rubén.

Sabes, me gustó mucho estar con mis primos en los proyectos. Éramos una gran familia feliz. Mi padre tenía una educación, un buen trabajo y el dinero ganado era suficiente para criar una familia en Puerto Rico, por lo tanto, él no tenía ningún problema en Nueva York.

No pasó mucho tiempo para él encontrar un trabajo y al mismo tiempo un apartamento. Todo estaba funcionando de maravilla.

Sin embargo, yo no estaba feliz. En la escuela, le dije a mi hermana que no se hablara inglés. Mi plan era quedarnos calladitas y nos enviaran a Puerto Rico...

Una mañana, mientras estavamos en la escuela, mi maestra envio a un estudiante a buscar a mi prima. Ella tenía que traducir algo, porque mi maestra no podía conseguir ninguna información de mí.

Cuando mi maestra de 4 ° grado, la Sra. Kramer habló con mi prima, yo me empecé a reír. En ese mismo instante comenze a hablar en inglés. La profesora se sorprendió, porque me expresé muy bien.

Capítulo 15

¿Crees en Ángeles?

Después de la situación con mi prim en el salón de clase, me fui al patio de la escuela. No quería estar con nadie...

Una vez allí, vi una niña sentada sola en un banco. Ella estaba muy triste. Había muchos estudiantes jugando, sin embargo, todo el mundo pasaban por el la do de ella. Nadie se detuvo para preguntarle por qué estaba tan triste.

Ella estaba vestida con un abrigo negro desgastado, zapato roto y muy sucio. Esta niña sólo se sentaba y observaba a los otros niños.

Ella nunca intentó hablar. Ella nunca dijo una palabra. Muchos estudiantes estaban jugando pelota en su alrededor. A veces ellos tropezaban con ella, pero se mantuvieron en su juego.

Al día siguiente, decidí volver al patio de la escuela. Esba muy curiosa para saber de la niña. Yo nunca la veo dentro de la escuela; sin embargo, ella estaba en el patio de la escuela. Quería ver si ella iba hablablar.

Sí, ella me estaba esperando. Estaba justo en el mismo lugar donde estuvo el día antes. Ella todavía estaba con la misma mirada triste en sus ojos.

Ese día, yo estaba decidida y camine hacia la niña. A pesar de que el patio estaba lleno de estudiantes, he podido caminar hacia ella...

Mientras caminaba, pensé que este no es un lugar para una niña. Yo estaba en 6to grado casi 11 años. Los niños pequeños tenian que estar en el patio de la escuela mucho antes que los grandes con sus maestros y algunos padres.

Cuando estaba lleguando, pude ver la parte posterior del vestido de la niña. Era preocupante lo que vi. Pensé que era la razón porque los otros niños no la miraban.

Cuando ella me vio, no hizo ningún esfuerzo para hablar. Las deformidades son un golpe bajo a nuestra sociedad. Nadie coje un paso al frente para ayudar a alguien que es diferente.

La niña bajó los ojos ligeramente cuando me acerque. Ella trataba de evitar mi mirada. Me acerqué en ese momento pude ver su forma.

Ella estaba gravemente deformada. Sonreí para dejarle saber que todo estaba bien; Yo estaba allí para ayudar, para hablar. Me senté junto a ella y comenze con un simple "Hola"; la niña actuó sorprendida y murmuró un "Hola"; después de una larga mirada.

Sonreí y ella Sonrió tímidamente. Conversamos hasta que fue hora de regresar a clase. El patio de la escuela estaba completamente vacío.

Le pregunté por qué estaba tan triste. Ella me miró con una cara triste dijo, "Porque soy diferente"; Yo inmediatamente le dije, ¡" Que si lo eres!" y sonrió. La niña actuó aún más triste y le dijo, "tu me recuerda de unangel, bien dulce y inocente."

Ella me miró y sonrió, y luego poco a poco paro y dijo: "¿de veras?" "Sí, eres como un pequeño ángel guardián enviado vigilarme" ella asintió con la cabeza un sí y sonrió una vez más.

Con eso abrió la parte posterior de su abrigo negro y permitido sus alas difundir. Entonces ella dijo "yo soy. "Yo soy tu Ángel de la guarda. Era muy hermoso verla con brillo en sus ojos. Me quedé sin palabras, seguro que estaba viendo cosas".

Ella dijo, "tu siempre piensa en otras personas. Mi trabajo aquí está hecho;" Me pare y le pregunte: "¿Cómo es que nadie te hablo?" Ella me miró y dijo, "Fuiste la única persona que podía verme", y entonces ella se fue.

Después de ese incidente en el patio de la escuela, me empecé a sentir tan diferente. Empecé a cambiar el momento que entré en mi sala de clase.

No sabía si me estaba volviendo loca, pero puedo decirte una cosa, volví a clase por la tarde muy segura de mí misma. Me dieron una prueba y la pase. Le ensene a mi maestra que yo era muy inteligente.

Mis padres fueron informados de que yo iba a terminar el semestre y que, en enero de 1960, mi hermana y yo seríamo transferidas a la escuela pública 169. La educación en esa era mucho mejor. Probé a todos que mi IQ era mejor que cualquier otro de mi clase.

Meses se convirtieron en años. Mis hermanos también fueron trasladados a la escuela pública 169. Los cuatro fuimo colocados en las clases de honor.

En aquellos días no había clases de inglés como segundo idioma. El método utilizado por todos los profesores principales fue el "Swim or sink method". Eso significaba que, si no aprende a inglés por tu cuenta, dejaría la escuela y a trabajar en fabrica…

Cuando estábamos en casa, hablamos a español; sin embargo, el minuto que estábamos en las calles, el inglés vino naturalmente.

A veces pienso sobre mi ángel de la guarda y me pregunto si todo fue real o no. Mi hermana es la única que conoce esa historia.

Pasaron los años, y estuvimos demasiado ocupadas para recordar nuestros tiempos malos en escuela pública 27. Las cosas fueron mejorando para mis padres.

Mi padre encontró un trabajo mejor con mejor paga. Hizo tanto dinero dentro de un par de años, nos mudamos a una casa más grande con un patio.

Adelin y los nenes se acostumbraron a la idea de vivir en Nueva York. Pero yo no era feliz. Todavía yo echaba de meno a mi Puerto Rico.

Cuando estaba triste, pensé que el tiempo me encontré con mi ángel de la guarda. Supongo que fui bendecida. En vez de pensar en algo negativo, yo siempre sonrío y me recuerdo a esa niña linda que me ayudó con mi autoestima cuando era joven.

Capítulo 16

Primeras Navidades en Nueva York

Los niños tienen mucha imaginación para olvidar malas experiencias en el hogar o en la escuela…

El siguiente capítulo le indicará cómo he podido olvidar mi tristeza con solo imaginándome cosas…

Recuerdo que la clave de cambiar una situación a otra era usanado mi imaginación y lo hize. Frecuentaba tener amigos imaginarios y funciono bien por un tiempo. A veces me hacia creer que yo recibia ayuda de Dios. ¿Por qué pensaba así? Bien, para comenzar, cuando tenia una asignación, lo hacia sin ningún problema.

Recuerdo claramente un dia en particular día. Todo comenzó después de la escuela en septiembre del 1959, mi primera semana en Nueva York…

Mucha gente vino a ver el apartamento en el segundo piso, pero decian que era demasiado pequeño para su familia.

En ese día de otoño del 1959, supe que el hombre que el apartamento iba a ser mi amigo. No era demasiado alto y su pelo era blanco y largo. Por cierto, la vecina sonrió cuando lo vio. A lo mejor lo conece desde hace tiempo. El llevaba una caja; Marcado "los madrugadores" a su lado.

Había cuatro hombres ayudandolo. Se mantuvieron ocupado todo el dia. Algunos vecinos querían saber lo que hacía para ganarse la vida, pero aún nadie se atrevía preguntarle.

Han pasado semanas y no veía nada raro con el nuevo vecino. Lo he visto muy de cerca y se veía normal. Lo escucho en su apartamento oyendo música y su, TV siempre prendida. Nunca tuve suficientemente nervios para preguntale que clase de trabajo tenia.

Un día, mi mamá cogió a mi hermana y a mí tratando de oir la conversacion de nuestro nuevo vecino. Me encontró en la cocina con un vaso contra mi oído. Yo estaba poniendo un vaso de vidrio muy cerca de la pared para oir algo de la conversación que el nuevo vecino tenia con uno de sus amgos.

¡Nos metimos en un problema bien grande por eso! No fuimos a jugar afuera por tres días. Ese fue el castigo por estar averiguando cosas de otras personas.

Adelin no quería jugar detective conmigo. No quería nada de mis juegos. Mis hermanos eran demasiado pequeños para saber sobre el juego.

Por lo tanto, comenze mis investigaciones solitas...

Pasaron los dias, y me encontré con mi nuevo vecino mucho después de mi castigo. Él salía de su apartmento cuando yo salía del mio. Yo estaba apurada, como siempre. Salté desde el segundo escalón de las escaleras. Pero choque con el vecino. El me rescato. Me agarró y me salvó de no caer en el piso.

En ese momento ya yo sabía que iba estar en problemas con mis padres. Así que tan pronto como él me dejó ir, empecé a pedir disculpas como una loca. Él estaba parado allí por un minuto, luego levantó su mano y se puso en su cintura.

El vecino comenzó a reirse. ¡Yo pensé que iba a pegarme! En cambio, dijo, whoa, despacio jovencit... no es un problema. Yo hubiera hecho lo mismo si tuviera tu edad. Entonces... empezó a reírse más fuerte. "De hecho", dijo, "Lo he hecho en mis días de jóventud".

Le pregunté, ¿vas a contar sobre esto a mís padres? Ellos me matarían si lo hace. Él sonrió y dijo, No, es nuestro secreto, no digas nada, y yo no digo nada.

Me dijo que su nombre era el Señor Reilly. Me pareció extraño que no dijo su primer nombre. Eso no importaba. Yo sSiempre utilizaba los apellidos con personas ajenas...

Después de un par de días, el Sr. Reilly me ofreció un trabajo; él me pagara por sacar su basura. Él lo dejaría al frente de su puerta todas las mañanas, y yo lo llevaría a afuera cuando salga para la escuela. Me pagaría cinco dólares a la semana. Mis padres pensaban que era demasiado, pero él insistió. Yo pensé que el Sr. Reilly era una persona maravilloza.

Aunque el Sr. Reilly era bueno, yo sigo espiánandolo. Era tan curioso saber sobre las actividades del Sr. Reilly. Siempre tenía algunos visitantes, que nunca vi venir o salir de ese apartamento. Algunos de ellos sólo estaban por corto tiempo.

Tal vez una hora era lo mximo que se quedaban. Yo sólo estoy adivinando. Este señor puede ser un espía de verdad.

Ya yo estaba muy inquieta a finales de octubre porque no sabía lo que hacia el Sr. Reilly en cuanto a trabajo. Empecé adivinar otra vez. Tal vez fue un agente secreto o algo. No trabaja horas como mi padre o el Sr. Álvarez del apartamento 2B.

Noté que él estaba en su casa cuando yo llegaba de la escuela y él estaba allí cuando salí por la mañana. A veces se iba por dos o tres días, pero todavía me pagaba cinco dólares aunque sólo recoji su basura una vez esa semana.

Un día escuche hablar a alguien en casa del Sr. Reilly. Al parecer el Sr. Reilly estaba molesto por algo. Oí que el otro hombre le dijo que no era su culpa. También dijo que todo estaría listo a tiempo. Podia hay que decir que él estaba nervioso, y luego salieron.

Se detuvieron en el pasillo frente apartamento del Sr. Reilly. Cerraron la puerta al salir. Oí al Sr. Reilly decirle algo acerca de que estaba decepcionado. Luego, juntos abandonaron el edificio.

Traté de averiguar lo que significaba lo que paso, pero era muy complicado para mí. El visitante era pequeño como yo. Creo que se llaman las personas enanas. Era gracioso como estaba vestido. Esa ropa nadie la usa en estos tiempos.

Después de ese incidente, comencé a imitar que yo era un agente secreto. Mi trabajo era espiar a los otros espías sobre todo aquel que vivi puerta a puerta con uno.

Las cosas volvieron a la normalidad después que el Sr. Reilly se instaló. Puesto que él no tenía más visitas. Todos los que viven en nuestro edificio son aburridos. No valia la pena espiar a nadie.

Una tarde, me vino a la mente que yo nunca he visto el interior del apartamento del Señor Reilly. Le dije a Adelin que fuera conmigo. Adelin, tan tímida, dijo, "no. No quiero tener mas problemas." Ella afirmó que Navidad estaba a la vuelta de la esquina y ella quería lindos regalos.

Yo todavía estaba decidida a ver el apartamento del Señor Reilly. Pensé que me gustaría pedirle que me ayudara con mi tarea. Fui a su puerta, y como yo estaba a punto de tocar, oí, que el me dijo vienvedia señorita, está abierta la puerta. No sé cómo el sabía que era yo, pero lo hice como el dijo.

Mientras caminaba, él estaba sentado en un escritorio. Me di cuenta de que sólo habían tres muebles en la habitación. Tenía un televisor, un sofá, un escritorio y una silla. En el escritorio había cartas, montones y montones de cartas.

No podía ver de quien eran. Señor Reilly había se levanto del escritorio y se acerco a mi antes de que yo podíera acercarme lo suficiente para ver las cartas.

Él se sonrió y dijo: " Necesitas ayuda con tu tarea?" Sorprendida, le pregunté... ¿Cómo lo sabes? El sonrió otra vez; sus ojos parecian brillar como lo hizo. Me hizo sentir como si todo estuviera bien; me hizo olvidar que el sabía todo antes de que sucediera.

¿Por qué no esta corriendo bicicleta, me preguntó? No tengo una bicicleta, le respondi. Lo siguiente que supe fue cuando me fui para mi apartamento con mi tarea terminada.

Cuando regresé a mi apartamento, miré el reloj sobre el televisor; había pasado hora y media, y lo único que recordaba era que había hecho mi tarea. Ha, ahí fue cuando me di cuenta de que el Sr. Reilly era alguien especial.

Amediados de noviembre, hubo una gran discursión entre el Sr. y la Sra. Rentas apartamento 3A. Comenzó todo con una sola palabra. Entonces se puso más fuerte hasta que finalmente todos en el edificio los oían. Mis padres me dijeron que no estaba permitido ir arriba.

Yo quería ir a verlos pelear, pero mi madre dice que, si pongo un pie en las escaleras, iba estar castigada por mucho tiempo. Por lo tanto, sólo estaba parada en la escalera de abajo escuchando la pelea.

Entonces, todo se calmo por un momento y escuché... "no es agradable encontrar placer en una miseria." Me vire y me miraba el Sr. Reilly con una sonrisa muy feliz. Él dijo; ◊ perdón ◊, y se fue arriba.

Unos minutos más tarde, oí una puerta cerrandose. Entonces, el Sr. Reilly bajó sonriendo más que antes. Se fue a su apartamento sin decir una palabra. El Sr. y la Sra. Rentas habían dejado de dicutir. No hubo gritos ni forcejeos. Todo lo que pude oír fue los tubos de la cardera sonado cuando subia el calor para los apartamentos.

Dos días antes de acción de gracias, mis padres me enviaron con mi hermana al apartamento del Señor Reilly. Ellos querían invitarlo a cenar el dia de acción de gracias. Dijeron que no sabían si el tenía planes. Mis padres pensaron que sería bueno invitalo. También sería lo más amistosas.

Por lo tanto, nos fuimos al lado...

Tocamos la puerta y nos quedamos parada esperando que el Sr. Reilly nos abriera. Esperamos unos minutos y tocamos otra vez. Aún no contestaba. Decidimos abrir la puerta y para mi sorpresa estaba abierta. Cuándo la empujamo abrio, "el Señor Reilly no dijo nada. ¿Yo dije, "Estás aquí Sr. Reilly? Cuando él no respondió, abrió más la puerta y caminó hacia dentro.

En ese momento, mi hermana estaba tan asustada que ella quería dejarme sola. Le dije que tengo que mirar alrededor. Como lo hice, me di cuenta de que todo se veía igual que la última vez que estuve allí. La única diferencia era que no había ningunas cartas sobre la mesa. Adelin no pudo aguantar más y me dejó sola...

Me estaba concentrando en mi investigación. He visto ahora que hay un rollo de papel con muchos nombres. ¡Estaba a punto de llegar al escritorio para ver mas cosas, pero llego el Sr. Reilly, "no es educado invitarse a uno mismo dentro de casa ajena! Allí, sonriente como siempre Sr. Reilly, con el brillo de sus ojos.

Bueno jovencita; "¿Tienes un mensaje para mí?" Sólo me quede allí, avergonzada. ¿»Bueno"? el me Dijo. Yo me quede mirándolo por un momento y entonces recordé por qué había ido al apartamento del Sr. Reilly; Oh sí, empeze hablar. Mis padres te queríen invitar a nuestra cena de acción de gracias. Sr. Reilly se sonrio y contestó que si.

Diles a tus padres que seria un honor estar con ustedes en ese dia tan especial. También me preguntó que le tocaba llevar. Era mi turno de sonreír; sólo su apetito que le respondí…

Día de Acción de Gracias

Mi Mamá se quito su delantar cuando fue a contestar a la puerta. Estaba yo estaba ocupada preparando un puré de papas. mi hermana estaba preparando la mesa cuando escuchamos el tiembre de la puerta.

Mi madre la abrió y ahí estaba sonriendo como siempre, el Sr. Reilly. «¿estoy demasiado temprano?" Oí decir al Sr. Reilly después que mamá abrió la puerta. "¡No!" Estas justo a tiempo, mi padre respondió con alegría. Los nenes estaban jugando y yo acababa de hacer el puré de papas.

Mientras caminaba a la sala, me sentí muy feliz. Mis hermanos y mis padres estaban hablando con el Sr. Reilly. Entonces el Sr. Reilly dijo: "Oh… Casi se me olvide" el Sr. Reilly le dio a mi papá una bolsa de papel con algo adentro.

Mi padre sacó lo que parecía una botella de vino y dijo; Ahora Señor Reilly, no tienes que hacer esto. El Sr. Reilly se sonrió y le dijo a mi padre, no es vino, es sidra. Estos niños son demasiado jóvenes para beber.

Caminamos hasta la mesa donde Mamá le pidió a Adelin y a mí que la ayudara a traer el resto de los artículos de la cocina. Los pequeños estaban felices de sentarse junto al Señor Reilly. Mi padre se sentó a la cabeza de la mesa. Mi mamá al lado de él. Adelin y yo estábamos sentadas una al lado de la otra.

Nuestra cena de acción de gracias no fue nada especial; Mamá había horneado un pavo pequeño que ella compró en especial. Teníamos arroz, gandules, ensalada de papas, ensalada verde, relleno de pavo en salsa. Para el postre, mamá había hecho un flan de calabaza.

Después de la cena, el Sr. Reilly ayudó a limpiar y luego se ofreció a lavar los platos. ¡Mi primer pensamiento que fue bien! No hay platos para mí esta noche, pero como de costumbre, me equivoqué. Mamá dijo los invitados Sr. Reilly no lavan los platos en nuestra casa, " lo van a hacer mi queridas hija Norma y Adelin"

Ya saben lo que paso…; nos fuimos a la cocina y empezamos a lavar platos. Mis padres y el Sr. Reilly hablaban durante un tiempo y luego lo escuché decir, debe permitirme traer todo para la cena de Navidad……

Llegó diciembre y con el, todas las canciones, anuncios y todas publicidades de la Navidad. Mi papá estaba trabajando dos trabajos por ahora. El dinero era sólo pagar el alquiler de la casa y todas las facturas. Mis padres tenían dinero suficiente para comprar unos regalos y un árbol. Ya ya sabía que no teniamos mucho, pero estábamos acostumbrados a eso.

Navidad nunca fue mi época favorita del año porque vi cómo molestaba a mis padres. No me sentia cómoda en Nueva York como era en Puerto Rico. El dinero era muy poco.

Durante los próximos días, vi el Sr. Reilly a menudo. Que venia y aw iba de su apartamento. El primer viernes del mes, me tenía puesto un sobre encima de su basura, sólo dijo "Lee esto".

En el interior fue había una nota que decía: estoy seguro de que esto lo vas a necesitar antes de Navidad. Consideralo como un pago anticipado para el mes. Junto, había un billete de veinte dólares. La nota fue escrita en tinta roja. Con la firma del Sr. Reilly.

Vi a los enanos varias veces durante las próximas dos semanas, pero el Sr. Reilly solamente una vez.

Un par de días antes de la Navidad, Sr. Reilly se dirigía hacia fuera, con un bolso grande como los que se usan cuando se viaja. Le pregunté que tenía dentro del bolso.

Él me miró con una sonrisa diferente y respondió: " mi traje de St. Nicolas, por supuesto!" luego empezó a riér. Sólo pensé que era un hombre sabio y sonrió nuevamente. Continuó caminando por el pasillo la cacion de cascabeles.

Dos días antes de Navidad, vi el Sr. y la Sra. Rentas llevando paquetes al edificio. Nunca los había vistos tan felices. La Sra. Rentas miraba dulcemente a su esposo mientras caminaban. Todos los vecinos decían que la Sra. Rentas les dijo que su esposo había dejado de beber. Incluso de que estaba trabajando y ayudando en la casa.

En la víspera de Navidad, mi padre me envió a buscar Sr. Reilly.

Yo lo llame mientra tocaba la puerta, pero él no respondió. Puse mi oído a la puerta y no escuche nada. Regresé a mi casa y le dije a mis padres que el Sr. Reilly no estaba en su casa.

Ya nuestro pequeño apartamento esta llenándose de vecios. Presente estaban, el Sr. y la Sra. Rentas, el Sr. Rodríguez y la familia Smith. Todos trajeron algo…

Teniamos coquito, arroz con dulce, nueces, pernil, arroz con gandules y muchos refrescos. El Sr. Rodríguez sacó una guitarra y comenzó a tocar canciones de "parranda". Todo el mundo comenzó a cantar.

Yo estaba calladita pensando en el Señor Reilly. Era casi medianoche cuando todos abandonaron nuestro apartamento. Mis padres y yo llevamos a la cocina todos los platos y vasos. Mamá medijo que dejara todo en el fregadero.

Todos los platos se limpian por la mañana. Llené el fregadero con detergente de lavar platos. Coloqué los pequeños platos y vasos en el fregadero. Volví a la sala donde estaba mi madre con mi padre. Adelin y los niños se habían ido a dormr temprano para que la mañana de Navidad llegara más rápido.

Nuestro árbol era solamente cerca de dos pies de altura, pero era hermoso. Ayudamos con la decoración. Mi padre estaba feliz porque cada uno de nosotros participamos con la decoración mientras que él arreglaba las luces.

Pusimos todos los regalos antes de ir a dormir. Cada uno de nosotros tenía un regalo de mis padres. Yo tenía uno para el Señor Reilly. Mire a nuestros padres y estaban sonriendose. Tambien se dieron cuenta que yo estaba pensando en Puerto Rico....

En la mañana de Navidad, me desperté escuchando a mis padres diciendo: "! ¡Oh, Dios mío!" Rápidamente entre en la sala. Yo no podía creer mis ojos. El árbol que teníamos solamente la noche antes había crecido. Eran como seis pies de altura y totalmente decorado. Estaba cubierto de estrellas. Debajo del rbol, habíaregalos presenta... montones y montones de regalos.

En el comedor, la mesa estaba llena de comida. Habia jamón, pavo y diferente clase de panes. Encontramos todo tipo de alimentos, incluso había galletas de Navidad. Mis padres se asombraron muchisimo. No tenían la menor idea de donde vino todo eso.

Nos miramos y, al mismo tiempo dijimos, "¿Qué pasó?" Empecé a mirar todos los regalos. Cuando de pronto vi una nota que decía, para "la familia Pagán".

Mi mamá estaba muda. Lágrimas cayeron por sus mejillas. Ella me miró y sonrió, ella me entregó la nota que decia, feliz Navidad.

La firma era S. Nicolás. Mis padres otra vez sonrieron y dijeron, la respuesta se encuentra con los regalos. Cada regalo se firmó tu amigo, S. Nicolás.

¿Quién es S. Nicholas. ¿Yo pregunte otra vez? Mi padre se agachó, recogió un regalo envuelto en papel rojo bien brillante. Era para mi hermana y tal vez éste responderá a tu pregunta. Había una etiqueta con su nombre.

Rápidamente ella le rasgó el papel y dentro la cajita había una muñeca Barbie. Mi hermana siempre quería esa muñeca. Para mi sorpresa, había un paquete enorme. Cuando lo abri, era la bicicleta que yo siempre quria.

Encontre una nota con mi nobre que decia, "No es cortés preguntar el origen de un regalo", Con mucho amor; Señor Reilly. Ustedes me conocen muy bien como como San Nicolás o Santa…

Fue una gran mañana de Navidad, a pesar de que estábamos muy lejos de Puerto Rico.

Esta historia mis amigos fue solo un sueño...

Capítulo 17

Nuevas Aventuras 1960-1972

Enero del 1960, mi hermana y yo estábamos listas para la escuela pública 169. Sabes, descubri que no sólo la educación era mejor en nuestra nueva escuela, pero también los estudiantes eran mejores. Hicimos amigos enseguida. Me convertí en presidenta de mi clase y tutora de algunos de mis compañeros de clase.

Los años estaban pasando muy lijero. Me gradue de escuela publica 169 luego entre a Junior High School 142. Allí pase unos años felices. Ya estaba preparándome para escuela secundaria. Mis notas escolares estaban cada año mejor.

Mis maetros en J. H. S 142 me ayudaron muchisimo. Me dijeron que podía entrar en la ecuela que quisiera porque mi promedio era excelente. Me gradue con altos honores y entre a la escuela Prospect Heights High School.

Ahí escoji clase academica y comercial. Me estaba preparando en dos concntraciones diferente. Lo hize asi por si no decidia ir a la universidad.

Tantos años han pasado y todavía pienso en mi preciosa isla…

Mi abuelo, Julio Pagán Torres murió el 10 de octubre del 1964. Me sentí muy mal porque el nunca vio mis logros. Guadalupe, mi abuela, quedó sola. Vendio su casa, en Ponce, y se trasladó a Nueva York. Yo estaba contenta porque iba estar con todos mis tíos.

Me gradué de Prospect Heights High School y fui aceptado en la Universidad de Colombia. También estaba cualificada para trabajar en el

Departamento de policía de la ciudad de Nueva York. Estaba contenta porque yo he logrado muchas cosas.

En el Departamento de policía, conocí lo que yo pensaba era el amor de mi vida, un oficial de la policía. Fue realmente un "Latin Lover". No hablaba a español en absoluto.

Cuando comenzamos a salir, a él no le gustaba la idea de tener un chaperon. Nació en Nueva York y su educación fue diferente a la mía. Él tenía muchas amigas. Pronto me di cuenta de que el solo venia mi casa porque le gustaba mi comida. Nuestro pequeño romance duró pocos meses porque le informe que yo no era parte de su colección de muñecas. Asi termino nuestro romance…'

Yo seguí trabajando en el Departamento de policía y también seguí estudiando. El minuto que me gradué de la Universidad, sabía que estaba listo para unas vacaciones. No podía creer que después de casi veinte años que finalmente iba a mi isla…

Mi madre comenzó a hacer planes. Ella quería ver a su familia y fue una buena oportunidad para hacerlo. Mi hermana y mi amiga Beverly Tamayo también querían ir conmigo. Yo estaba feliz de regresar a Puerto Rico con mi hermana y mi mamá. No pude dormir la noche antes de comenzr mis vacaciones. Sólo quería estar en ese avión para ver a unos primos y mi abuela Ceferina Figueroa Bello.

Capítulo 18

Puerto Rico 1972

El vuelo fue sensaconal. Fuimos recibidos en el aeropuerto por algunos de mis parientes. Mi tío Kike, como siempre, nos estaba esperando. No quería perder la oportunidad de ver mi primera reacción cuando llegue a Puerto Rico. Todo tan diferente.

Ahora ahi una autopista. El viaje Ponce es más agradable. El paisaje es impresionante. Mis primos hicieron muchas preguntas sobre el resto de la familia en Nueva York. Estuvimos hablando todo el camino.

Llegamos a Ponce aproximadamente 1:00 PM sin problema. Nuestra primera hora pasaro muy lijeras. Me pase entregando regalos. Fue genial ver a mis primos. Kike fue el único que no se traslado a Nueva York. Él tenía un buen trabajo en P.R. Él y su esposa Migdalia estaban felices criando a sus tres hijos. Su vida la isla estaba muy bien...

Al día siguiente nos levantamos temprano y nos fuimos a ver a mi abuela Ceferina. Mi madre estaba impaciente por ver a Mamá Nina. Vivía con mi tía Emma y su familia.

Cuando llegamos a "Jardines Del Caribe", Lourdes y a sus dos hermanos nos estaban esperando. Enseguida nos dijeron que íbamos a bailar esa noche. El baile se iba a llevar a cabo en la Universidad asistían mis primos.

Mi primo les informó a sus amigos que sus primas venían de vacaciones. Yo le había indicado a mi primo que quería conocer muchachos universitarios.

También le indique que deben tener los mismos intereses que yo. Mi tía estaba bastante feliz de vernos. Ella hizo una gran fiesta en nuestro nombre. Mi abuela Ceferina fue todas sonrisas cuando ella vio a todos nosotros sentados en el comedor.

Después de comer un almuerzo grande, empezamos a hacer planes para la noche. Le pregunte a mi primo Ángel que el estaba preparado para ese gran baile. Se sonrió cuando le recordé que yo estaba buscando un esposo.

Cuando llegamos al baile, era difícil conseguir una mesa. El lugar estaba repleto. La música era tremenda. Ami no me importaba tener una mesa. Yo fui a bailar. Nunca me siento durante un baile o fiesta. Bailé con un montón de amigos de mi primo.

Eran muy educados. Estos muchachos eran muy diferentes de los que conocía en Nueva York. Cuando el baile se terminó, le pregunté a mi primo sobre el joven que el me iba a presentarme. Mi primo se echó a reír y me dijo que el joven estuvo aquí; sin embargo, vio que tu estabas bailando sin parar. Se fue sin decir una palabra.

Llegamos a lacasa de mi tía a las 2:00 a.m. Mi madre y mi tía estaban levanadas. Ellas querían saber de nuestra aventura.

Ambas disfrutaron lo que les contamos. Les dijimos que realmente pasamos una linda noche. Como siempre, Tía Emma nos hizo bocadillos y café. Comimos y nos fuimos a dormir.

Al día siguiente, todos nos levantamos a aproximadamente a las 11:00 a.m. Nos levantamos bien descansados. Yo estaba caminandov alrededor de la casa en mi pijama cuando mi primo me informó el joven misterioso venía a conocerme durante el almuerzo. Yo sólo mire a Ángel y le dije que lo olvidara.

Yo no estaba pensando en salir con algún tonto que se fue del baile sin conocerme. El ni se molesto hablar conmigo durante el baile. Mi primo me dijo que ya era demasiado tarde. El joven estaba ya al frente la casa.

Bueno, demasiado tarde para vestirme. Yo no estaba preparada para impresionar a un tonto. Me senté con mi pelo en rolos. No tenía ningún maquillaje y todavía con mi pijama. Estaba demasiada ocupada comiendo un "asopado de pollo" que hizo mi tía. Incluso no mire a ver cuando ese tipo entro.

Él cojio una silla y se sentó al frente de mí. Se presentó muy cordial. Mi nombre es Eliezer Ramos, su futuro esposo. Yo comencé a reírme tan fuerte que por poco me ahogo por todavía estaba comiendo asopao.

También dijo que me veía preciosa sin ningún maquillaje y vestida con mi pijama. Creo que fue un espectáculo divertido.

Quedé muy impresionada con este joven. Él hablaba el inglés sin acento alguno. Me dijo que era un senior en la Universidad Católica de Ponce. Quería ser médico. También me contó sobre sus gustos y que le gustaba la playa.

Hablamos por un par de horas. Hasta me olvidé de que yo estaba todavía con mi pijama hablando con un desconocido. Me excusé y me fui a cambiar de ropa.

Me puse unos pantalones cortos blancos, blusa azul de manga corta. Me puse unas sandalias bien bonitas. Mi cabello era muy largo pues me hize un rabo de caballo. A mi no me interesaba impresionar a este muchacho que me vio en mi pjs...

Cuando llegue a la sala, él sólo se quedo mirandome. Le pregunté cuál era el problema con mi ropa. Me dijo que me veía hermosa y se sonnrío.

Me informó que íbamos a salir esa noche. Le recordé que no funcionaba así. Se suponía que me preguntara primero y si estuve de acuerdo, salíamos esa noche. Él se disculpó y me preguntó si me gustaría ir al cine. Le dije que mis primos iban conmigo. El me dijo que eso lo esperaba.

Antes de que fueramos al cine, me dijo que quería que yo conociera a dos de sus amigos. Mi prima Lourdes estaba sonriendo cuando llegamos a una casa ubicada a un par de cuadras de mi familia.

Cuando llegamos a la casa de sus amigos, encontré todo muy extraño. Nadie estaba afuera de la casa. Él entró en la casa como si fuese el dueño. Nos dijo que nos sentaramos en la sala y lo hicimos. Yo miré a mi prima Lourdes porque todavía tenía esa sonrisa que no me gustó.

De repente, mi hombre misterioso entró a la sala con una pareja de ancianos. Yo estaba muy confundida. Él les dijo, "Papí, Mamí, esta es mi novia Norma".

Yo estaba en un estado de shock. Este tonto me presentó a sus padres como su novia. Se sonrió y ellos estaban muy contentos de conocerme.

Luego una de su hermana, Delia, también salió a recibirme. Ella estaba tan feliz porque su hermano tenía una novia. Delia le preguntó cuáles eran nuestros planes para la noche. Él le dijo íbamos para el cine y luego un paseo por Ponce.

Delia no resistio en darle a su hermano las llaves de su auto. Su auto era Nuevo.

La película era fabulosa..." Love Story" ...

Despúes de la película, nos fuimos por un helado y un paseo por "la Plaza"...

El dia siguiente, cuando estábamos desayunando, ¿adiviné quien llego? Mi nuevo amigo. Tambien estaba mi abuela, tia y mi madre. Todos querían ser parte de mi gran aventura.

El tiempo se estaba pasando muy rápido... Me estaba acostumbrando la idea de ver a ese chico con mi familia. Me tenía que regresar a Nueva York. Yo no quería salir de mi isla una vez más...

Cuando llegó el momento de salir para el aeropuerto, Eliezer sostuvo mi mano y me dijo: "me voy a Nueva York y vamos a casarnos. Tengo que admitir, no quería dejarlo. No sé si me acostumbré a él o que realmente me preocupaba por él.

Toda la familia nos llevó al aeropuerto.

Cuando llegué a Nueva York, yo me sentía como otra persona. Mis padres me preguntaron que estaba pasando conmigo. Les dije que que me hacia falta Puerto Rico. No entre en detalles acerca de conocer a mi futuro esposo.

Eliezer me estaba llamando por lo menos tres veces a la semana. Le escribí a él. Comunicación en 1972 no era tan fácil. Las llamadas eran caras.

En septiembre del 1972, Eliezer me dijo que él se estaba mudando a Nueva York. Iba a quedarse con su hermano Eliot.

Enseguida que Eliezer llegó; él hizo el todo el arreglo para ir a una entrevista de trabajo. Mi hermana Adelin lo ayudó con la solisitud. Él estabasolicitando en el gobierno Federal, "Food and Drugs Administration". Adelín presento a Eliezer al jefe ese departamento. Tomó la prueba y dentro de semanas estaba trabajando para el FDA como un Inspector de alimentos.

Las cosas iban bien que, en 17 de febrero del 1973, nos casamos. Fue una boda hermosa. Mis damas fueron vestidas con trajes del siglo XVIII. Esos vestidos eran hermosos.

Los trajes de las damas eran color vino oscuro, pero mi hermana rosita. Cada una tenía una sombrilla de flores. Todos teníamos el mismo peinado...rizos largos. Los muchachos llevaban tux de cola larga. Fue una boda de un cuento de hadas. También estaba lleno de amor.

La iglesia también fue adornada con flores blancas. La niña que acompanaba al paje era mi prima Ada. El paje fue Kermit, sobrino de Eliezer.

Después de la ceremonia en la iglesia, nos fuimos a la sala de recepción. Era un lugar muy encantador en Brooklyn. La comida era excelente. Tuvimos una opción de carne asada o pollo y verduras. El pastel fue de tres niveles y muy hermoso. Mi abuela hizo el centro de mesa. También hizo mi traje de boda. Gracias a Mama Lupe realmente fue una hermosa recepción.

Nos fuimos paraa los Poconos Mount Airy Lodge, Pennsylvania para nuestra luna de miel. Estaba bien frio, por lo tanto, teníamos todos los deportes de invierno. Estuvimos allí una semana.

Cuando llegamos a casa, mi hermana Adelin ya había contado el dinero que recibió de regalo. Con todo ese dinero, compramos nuestro primer auto.

Mi padre estaba muy feliz porque tenía tiempo para terminar un apartamento que iba regalarnos. Nos dijo que nos quedaramos allí hasta que tuvimos suficiente dinero para comprar una casa. Vivíamos allí gratis. Dentro de un par de meses, compramos una casa.

Dia de la mudanza....

Encontramos nuestra casa en Ozone Park, Queens NY. Era una casa de esquina. Me enaore de esa casa cuando la vi. Mi padre, hermanos y amigos hicieron la mudanza. Empezamos a decorar y comprar muebles para todos los cuartos. Las cosas iban de maravilla.

Eliezer era un marido amoroso. Siempre estaba tratando de complacerme en. Nosotros seguimos estudiando...

Días se convirtieron en semanas y luego en años. Hemos estado casados por casi 5 años cuando decidimos tener un hijo. Quede embarazada, pero perdi el bebe. Me puse muy triste...

En ese mismo año que perdi el bebe, le dije a Eliezer que era el momento de mudarnos para Puerto Rico. Quería volver a mi isla. Hizo el arreglo necesario y su supervisor lo transfirió a San Juan. Me alegré una vez más.

Compramos una casa en Bayamon. Tenía cuatro habitaciones, dos baños, sala, comedor y una cocina grande. El patio y garaje tambien eran bastante grandes. Tenía un lugar para hacer mi jardinería.

Un domingo, cuando estábamos visitando a sus padres, el tema del bebé salio. Nunca le dijimos a su familia la razón que porque perdí al bebé. Eliezer todavía quería hacerme feliz en todos los sentidos posibles. Le dije que me sentía cómoda en Puerto Rico con su familia y la mia.

Yo estaba bien enamorada de mi esposo. No me importaba si tenía un hijo o no, sin embargo, el 30 de junio del 1985, nos divorciamos.

Mi cuñada Delia murió apenas un par de semanas antes de que nosotros nos mudaramos a Puerto Rico. Estuve muy enferma por un tiempo. Delia era un amor. Dejó a dos hijos un niño de 4 años y una niña de tan solo 6 meses. Delia tenía un tumor cerebral y murió a una edad muy temprana.

Sé que, si Delia estuviera viva, Eliezer y yo hubieriamos sobrevivido todos los obstáculos en la vida.

Lamento decir que Micaela Ramos y Adolfo Ramos, los padres de Eliezer, murieron muchos años después de nuestro divorcio. Nunca los olvidaré...

Todavía sigo en contacto con algunos de los sobrinos de Eliezer. La familia Ramos fue parte de mí y siempre lo será...

Después del divorcio, en 1985, regrese a Nueva York. Tuve muchos amigos que me ayudaron a conseguir un buen trabajo en el Puerto Rican Forum. Consegui un hermoso apartamento, y compre un auto. Todo me salio bien después del divorcio.

Después de un par de años en el Forum, decidi irme a trabajar para el departamento de educación en NY. Tomé el examen y fui certificada para dar clases en la ciudad de Nueva York. Los beneficios fueron mejores. Me encantaba trabajar con niños y adolecentes.

También ayudaba a personas que VIH. Era consejera para mucho enfermo con el VIH. No era fácil porque me daba mucha pena ver tantos jóvenes con esa maldita efermedad.

En 1994, empecé a trabajar como una instructora/concejera en Housing Works. Esta es una organización ubicada en Broadway y Houston en Nueva York. Tiene ahora muchas de otras oficinas en toda la ciudad.

Fue un placer ayudar a mis clientes. Algunos habian salido de la cárcel con nada y estaban muy agradecidos en recibir una ayuda. Para las personas sin hogar y con SIDA, esta organización es el cielo...

Los fines de semana eran tristes para eso clientes. Si hacia mucho frio, no tenían que comer porque todo estaba cerrado. Los fines de semana siempre fui como voluntaria en comedores. Los dueños de las tiendas hispanas siempre me daban pollos, arroz, verduras y granos para cocinar en el "soup kitchen".

Los deabulantes estaban siempre esperándome. Ellos sabían que iban a conseguir la mejor comida en su vida. Me gustaba verlos felices. A veces les di ropas y frisas. Mi trabajo era realmente ayudarles a entrar al "Job Training Psrogram de Hhousing Works".

A pesar de que trabajaba para "Job Training Program", me iba como voluntaria a trabajar en una librería que estaba preparando. Housing Works Inc… Housing Works recibe muchos libro educacioal da diario. Me gustaba clasificar libros y prepararalos para la venta.

Lo bueno de la librería la manera fue arreglada. Era también una tienda de café; por lo tanto, hemos llamado el local "Bookstore Café".

Estaba feliz, pero todavía quería movedarme para Puerto Rico. Estaba cansada del frío. Mis padres no estaban bien. Mi mamá estaba enferma todo el tiempo y mi padre con diabetes y artritis crónica.

Pasaron muchos años y todavía tenía el deseo de vivir en mi isla…

El 16 de enero de 1997, fui a Puerto Rico para una visita. Mi papá, que se había trasladado a la isla en 1980, trabajaba para la Guardia Nacional de Puerto Rico. Me preguntó si quería trabajar allí. ¡Enseguida le respondí… sí!

Regresé a Nueva York y preparé toda la documentación para irme para Puerto Rico. Tenía una licencia de enseñanza secundaria y tenía un montón de experiencia. Estaba plenamente calificada para mi trabajo como Instructora de inglés.

Me mudé a Puerto Rico e incluso con toda mi experiencia y preparacion, tenía que trabajar para el Departamento de Educación de Puerto Rico lo menos un año.

Trabajé como profesora de inglés en "el Colegio Ponceño" por un año y luego en el sistema escolar público por seis meses. No fue fácil. Los niños en ambas escuelas estaban muy pobres en inglés. No tenían ningún respeto para los profesores.

Tuve un gran problema, mi español era horrible. Le ablaba en inglés. Le informé a sus padres, en ambas escuelas, que hablaran con sus hijos en inglés. Esa era la única manera de que aprendieran.

El principal de la escuela y los padres estuvieron de acuerdo conmigo, sin embargo, los estudiantes no. Me dijeron que sus maestros anteriores enseñaron con canciones. Cantaban todo el día y tenía una práctica de prueba antes de los examenes. Mi método no fue cantar. Ya estaban en el 9 º a 12 º grado. Los días de cantar ll a teminaron. No sabían leer o escribir en ingles.

¿Adivina qué? Sobreviví las escuelas públicas y privadas de Puerto Rico. Tengo mi licencia de enseñaza primaria y secundaria. Estaba preparado para la Guardia Nacional.

Cuando les dije a mis alumnos en la escuela pública "La Ferran" que me iba, comenzaron a llorar. Les ha gustado mi método de enseñanza.

Incluso, pague su sitio de fiesta de graduación ya que ese sector es muy pobre. También estuve en el Comité de refresco para la clase graduanda.

Les informe que no se preocuparan. Iba a dejar el dinero con el presidente de la clase graduanda. También, les dije que iba a estar presente en el día de la graduación.

La clase me regalo una medalla y también una gigantesca postal firmada por mis alumnos. Fue un día muy emocionante... Estaba triste, pero al mismo tiempo feliz porque algunos de mis estudiantes iban entrar a la Guardia Nacional. Yo iba ser su instructura de inglés una vez más.

Capítulo 19

Enero 1999

Centro de Lenguaje, Fuerte Allen Juana Diaz PR

Antes de comenzar la historia, en el Centro de Lenguaje, narraré algunos hechos de esta maravillosa institución.

El Centro de Lenguaje de la Guardia Nacional fue establecido en 1976. Ha realizado a su misión de capacitación de idioma inglés a guerreros en el servicio militar.

Originalmente fue fundada como la escuela de inglés técnico. Esta escuela se encontraba en el sitio de entrenamiento Campamento Santiago en Salinas, Puerto Rico.

Ha estado funcionando como un programa educativo de estado que funciona dentro de la Guardia Nacional del ejército de Puerto Rico por más de 40 años.

El cemtrp estaba destinado a reducir el número de alumnos de formación básica. El problema era que si los nuevos solicitantes no iban al centro de lenguajes, los regresaba de los Estados Unidos debido a la falta de comprecion en el idioma inglés.

El "Defense Language School" en Lackland, Base Airforce Base, en Texas aprobó el centro de lenguaje de Guardia Nacional de Puerto Rico como un entrenamiento de idioma inglés el programa de no residentes en el 1979.

No fue hasta 1984 que la oficina de la Guardia Nacional aprobó fondos federales para operar el Centro de lenguajes.

Al año siguiente, en mayo del 1985, el Centro de Lenguajes se trasladó a su actual sitio en Fort Allen, Juana Diaz, PR.

El centro de idiomas tiene una visión muy importante. La visión es que debe ser una institución acreditada y prestigiosa. La escuela le facilita adquisición del lenguaje y habilidades militares.

Todos los instructores están totalmente preparados. También su objetivo de la transformación, la preparación y la retención de guerreros al el ejército y las fuerzas conjuntas de los Estados Unidos.

El "Language Center de Puerto Rico Natonal Guard" lleva a cabo un programa intensivo de capacida en idioma de inglés a tiempo completo que consta de siete horas diarias de instrucion en inglés, cinco días a la semana.

Además, los estudiantes son normalmente asignados dos horas de tarea de estudio diaria. El programa del curso "AMERICAN LANGUAGE COURSE" consiste en una combinación de aprendizaje en el aula y laboratorio de instrucciones en ingles individual.

También reciben clases militares. Los estudiantes no ban sus casas los fines de semana; por lo tanto, hablan inglés 24/7. Miembros de la familia pueden venir de visita los domingos por la tarde.

Durante vacaciones de Navidad o días feriados, los estudiantes cogen su pertenencia y se van a sus casas.

Cuando comencé a enseñar en el Centro de Lenguajes, lo que más que me gusto fue la disciplina. Cada día me gustaba entrar a mi salón de clase donde los estudiantes estaban allí para aprender.

Todos los instructores en el Centro de Lenguaje están bien calificados. Disponen de unas certificaciones de educación secundaria y de nivel de adultos. Nuestra formación académica es de B.A. o máster.

No importa qué nivel de la enseñanza recibí, siempre los instructores estan listos. Es difícil enseñar a un estudiante lento. A algunos no les gusta estudiar. Llegan con unas actitudes muy malas; sin embargo, después de una hora de enseñanza, cambian. Estaban incluso dispuestos a participar en una conversación.

En el comienzo de una nueva lección, introduje el "Swim or Sink" método de aprendizaje. Quedaron impresionados. La siguiente hora estaban listos con ninguna actitud negativa. Frecuentaba empezar la mañana con una cita famosa o una frase idiomatica. Realmente aprendieron ese idioma loco.

A veces, me tomó la oportunidad de hablar de "Ebonics". Ellos querían más...

Como cada profesor de inglés sabe, "Ebonics "no se enseña en el salón de clase. Lo enseñó porque es la única manera para aprender la diferencia entre una expresiónes idiomática y Ebonics. La expresión idiomática es dominar un idioma. Ebonics se les debe enseñar para demostrar que es sólo un lenguaje de callejero.

Enseñó algunas de mis clases a través de la música. Las disfrutaron mucho. El estudiante lento o incluso un estudiante avanzado aprenden más lijero. ¿Por qué?, porque la música es el lenguaje universal...

Después del almuerzo, los estudiantes estaban generalmente adormecidos; por lo tanto, los llevaba afuera de la clase para mostrar los sonidos asociándolos con el ambiente.

Había muchas feliz y tristes situaciones en el salón de clase. Traté cada situación con amabilidad. Los estudiantes sabían que nadie iba a burlarse.

El día más triste para mí fue retirarme del "Language Center". El personal era parte de mi familia. Los estudiantes fueron mis hijos porque los lleve con nada de inglés y los converti bilingües en poco tiempo.

Capítulo 20

Dolores Rodriguez Quiles

1884-1972

Dolores Rodríguez Quiles nació en el1884 y murió en el 1972. ¿Quién era esta dama? Bueno, ella era mi bisabuela. Ella nació en Adjuntas, Puerto Rico. Su padre era un comerciante español, Vicente Rodríguez y su madre vino de una alta sociedad española, Lucia Quiles.

Permítame llevarlos atrás en el tiempo para que usted pueda tener una idea de cómo dos jóvenes españoles se reunieron en Puerto Rico y comenzaron una familia...

La inmigración española en Puerto Rico comenzó en el1493 y continuó hasta el 1898. Puerto Rico en aquel momento, era una colonia de España.

En 25 de septiembre del 1493, Cristobal Colon llego a nuestra isla durante su segundo viaje al caribe. Tenía 17 naves y 1.200-1.500 hombres desde Cádiz, España.

En 19 de noviembre del 1493, él desembarcó en la isla, nombrándolo San Juan Bautista en honor de San Juan Bautista.

El primer sitio español fue en, Caparra. Fundado el 8 de agosto del 1508 por Juan Ponce de León, nacido en Valladolid, España. El era un teniente de Colón, que más tarde se convirtió en el primer gobernador de Puerto Rico.

En 1511, un segundo sitio español fue San German. Este se estableció en la parte suroeste de la isla.

Durante el 1520, la isla tomó el nombre de Puerto Rico mientras que el puerto se convirtió en San Juan.

La herencia Española de Puerto Rico es profundos hoy en sus costumbres y muchas tradiciones, lengua y en el viejo y los nuevos diseños arquitectónicos.

La herencia europea en Puerto Ricans proviene principalmente de una fuente: los españoles incluyendo, canarios, asturianos, catalanes, gallegos, Castellanos, andaluces y vascos.

Desde el comienzo de la conquista de Puerto Rico, castellano gobernaron sobre la vida política y religiosa católica. Algunos llegaron a la isla por unos cuantos años y luego regresaron a España.

Entre las familias fundadoras de Puerto Rico, fueron la familia Castellano Ponce de León. Su hogar fue construido en 1521 por Ponce de León, pero murió en el mismo año, dejando "La Casa Blanca", a su joven hijo Luis Ponce de León. La estructura original no duró mucho; reconstruido por el yerno de Ponce de León Juan García Troche.

Los descendientes de la familia de Ponce de León vivieron en La Casa Blanca para más de 250 años cuando en 1779 el ejército español tomó el control de esta. Por último, el ejército norteamericano se movió en La Casa Blanca en 1898.

La ciudad central de Ponce se nombra después de Juan Ponce de León y Loayza, el bisnieto del primer gobernador de la isla.

La inmigración a la isla causó la población a crecer rápidamente durante el siglo XIX.

En 1800, la población fue 155.426 y terminó el siglo con casi 1.000.000 de habitantes, 953.243, multiplicando a la población por cerca de seis veces.

La motivación principal para la masiva inmigración europea durante la década de 1800 fue la proclamación de la corona española Real Decreto de gracias de 1815, Real Cédula de Gracias, que condujo a la llegada de inmigrantes principalmente católicos de algunos países de setenta y cuatro.

Puerto Rico, durante el siglo XIX, era muy bien conocido por todos los países europeos. Entre ellos se encontraban centenares de corso, francés, irlandés, alemán, Escocés, Italiano, Libanés, Maltés, Nerlandés, Inglés y Portugués. Fueron esas familias llegaban a la la isla.

Algunos países fueron representados por sólo unos pocos inmigrantes, es decir, cincuenta y uno chino durante este siglo. El país que todavía tenia la mayoría de la gente fue España.

Desde el inicio de la colonización, otros grupos de Andalucía, Cataluña, Asturias, Galicia y Mallorca también immigraron, aunque los canarios formaron la base.

¿Adivina qué? Una vez que llegó el siglo XIX, las cosas cambiaron drásticamente. Según autores puertorriqueños como Estela Cifre de Loubriel, quien hizo la investigación extensa sobre los patrones de la inmigración a la isla, durante el siglo XIX el mayor número de españoles que llegaron a la isla con grandes familias era catalanes y mallorquines.

Ahora voy a escribir de mi familia

Mi bisa abuelo, Vicente Rodríguez tenia 17 años cuando conoció a mi bisabuela gran Lucia Quiles. Lucía también fue 17 años.

En junio del 1883, Vicente y Lucia se casaron en la Catedral de Nuestra Senora de la Guadalupe. en Ponce, Puerto Rico. Comenzaron sus vidas de matrimonio en Adjuntas, Puerto Rico.

Vicente y Lucía eran muy felices en Adjuntas. Recibieron terreno para cultivos y una casa enorme con sirvientes. Todos provenían de familias de los Rodríguez y Quiles.

En Ponce; recibieron tiendas y muchos de clientes de España.

Después de un par de días después de su luna de miel, los recién casados fueron a visitar a sus padres...

Las familias, Quiles y Rodríguez, estaban felices de ver a la joven pareja. Ellos querían decirles algo muy importante. Vicente y Lucía estaban muy ansiosos. Se sorprendieron al escuchar que ambas familias querían hablar con ellos.

Vicente Rodríguez Sr., le dijo a su hijo que se regresaba a España. Iba a dejar su negocio en Puerto Rico porque en Madrid tenía otras propiedades que deben tiene que atender.

Los padres de Lucía tenían una situación similar. También tenían propiedades en España y querían ir de visita.

Le Dijeron a los recién casados que estaban dispuestos a dejar todo en Puerto Rico porque su hijo Vicente Jr. y Lucía, ahora puede ejecutar sus fortunas en la isla...

Vicente y Lucía dieron las despedidas a los Quiles y Rodríguez. Estaban muy tristes porque España estaba muy lejos. Un viaje a Europa tuvo más de un mes.

Durante el año que siguió, Vicente y Lucía fueron bendecidos otra vez. Le dieron la bienvenida a su preciosa hija, Dolores Rodríguez Quiles.

La educación de dolores fue excelente. Desde que vive en Puerto Rico, adquirió muchos conocimientos de las diferentes culturas en la isla. También, ella estaba fascinada porque ella tuvo la oportunidad de conocer a algunos indios taínos...

Vicente y Lucía decidieron mudarse a Ponce. Era una gran ciudad para los comerciantes. Además, se quedaron con sus campos de café y el tabaco en Adjuntas.

La ciudad de Ponce era perfecta para sus tiendas y clientes. Dolores estaba haciendo bien en sus estudios. Ella tenía una buena cabeza para los negocios.

Dolores estaban creciendo muy lijero. Sus padres pensando en el futuro de su hija. Ella tenía muchos amigos. Ella les dijo a sus padres que ella no estaba estaba lista para el matrimonio en ese momento.

Vicente y Lucía tenían otras preocupaciones. Sus padres se fueron a España y no tenian contacto con ellos. Muchos comerciantes les dijeron que los negocios de sus padres en Europa multiplicaron; sin embargo, se fue haciendo difícil comunicarse con Puerto Rico.

Puerto Rico fue creciendo rápidamente no sólo en su cultura, pero también se estaba convirtiendo en una mina para el comercio…

Los políticos les fueron metiendo miedos a los habitantes. Al principio, todas las reglas vinieron de España. Ahora... se fue poniendo más difícil.

Dolores estaba siempre divirtiendose porque sus amigos eran en su mayoría artistas, autores, músicos y escritores de la canción. Ella sabía que algún día se casaría, pero no ahora. La vida de ella estaba genial por el momento...

Los padres de Dolores no querían cualquier joven. Ella era su única hija. Ellos querían muchos nietos. Vicente y Lucía querían irse a España, pero no querían dejar a su hija. Dolores les repitio que estaba feliz de la vida que llevaba. Ella era consciente de su fortuna. Los muchachos que ella conocía también venían de familia adinerada.

Dolores Rodríguez Quiles, mi bisabuela, sabía que Puerto Rico estaba pasando por tiempos difíciles. Ella se mantuvo con las últimas noticias porque sus amigos le dijeron acerca de los Estados Unidos y Europa.

Las cosas en la isla no eran los mismos. Cada día algo pasaba. El comercio con Europa estaba más lento. Los políticos se enfrentaban con grande circulos de los Estados Unidos.

Finalmente, sucedió... la guerra hispanoamericana.

Durante la guerra hispanoamericana, las fuerzas de los Estados Unidos lanzan su invasión en Puerto Rico. La isla tiene 108 millas de largo, y 40 millas de ancho que fue una de las dos posesiones principales de España en el Caribe.

Ahora, estaba bajo fuego. Con poca resistencia y sólo siete muertes, los Espanoles fueron capaces de entregar la isla a los Estados Unidos. Las tropas estaban dirijidas por el General Nelson Miles A.

A medio de agosto 1899....

Tras la firma de un armisticio con España, las tropas Americanas elevaron la bandera de Estados Unidos sobre la isla. Formalización autoridad estadounidense sobre sus 1 millon de habitantes.

En diciembre del mismo año, se firmó el Tratado de París. Eso ocurio a fines de la guerra hispanoamericana. Se aprobar oficialmente la cesión de Puerto Rico a los Estados Unidos.

El español, que vivía en la isla, sufrió mucho durante la guerra. Los comerciantes, dueños de tienda y alta sociedad se preparaban para salir de Puerto Rico. Los Estados Unidos les informaron que todos los que poseían negocios o terrenos, se quitará si no dejaban la isla.

Pues... los ricos abandonaron la isla...

Cuando la familia de Dolores estaba lista para trasladarse a España, la temporada de huracanes estaba a punto de comenzar...

En 8 de agosto del 1899, Puerto Rico pasó un huracán más destructivo en la historia. Llovió durante 28 días y los vientos alcanzaron velocidades de 100 millas por hora. Este fue el huracán San Ciriaco.

El efecto más devastador de San Ciriaco era la destrucción de las tierras de cultivo, especialmente en las montañas donde se encontraban las plantaciones de café. San Ciriaco agravó la situación económica y social de Puerto Rico. Este huracán tuvo graves repercusiones en los años que siguieron.

Las pérdidas de vida y daños materiales fueron enormes. Aproximadamente 3,400 personas murieron en las inundaciones y miles se quedaron sin refugio, comida o trabajo.

Los padres de Dolores murieron durante el huracán. Fueron golpeados por las tormentas pesadas y su casa fue por los cgolpes de aguas. Nada le ocurrido a Dolores porque ella estaba en San Juan visitando a algunos amigos...

Después de la pérdida de Dolores, no tenía ningún lugar para ir. Los campos de tabaco y plantaciones de café fueron destruidos...

Ella trató localizar a sus abuelos en España. Nunca respondieron a sus muchos mensajes. Algunos comerciantes le dijeron que era difícil obtener información con España porque los americanos estaban manteniendo mucha vigilancia a los españoles.

Dolores tenía dinero en el Banco; sin embargo, con el cambio de españoles a dinero americano, se quedo bien pobre. El dineo español perdió su valor.

Dolores nunca se rindio. Empezó a ir al puerto tratando de conseguir algunas noticias de España. Ella no triunfio. Porque los americanos estaban por todo lado.

Durante una visita al puerto marítimo, es cuando conoció a un joven comerciante de nombre Amparo Manfredi. Este hombre era muy guapo. Dolores dudó en salir con el. El insistiendo hasta que ella lo aceptó como su novio.

Dolores estaba muy celosa porque Amaparo tenía un montón de amigos. Él quedaba solamente seis meses en Puerto Rico y los otros seis en el mar. Realmente no conocía bien a este hombre.

Él no leprometio casarse con ella. Su única claracion fue que él estaba enamorado de ella. Era difícil confiar en alguien como Amparo Manfredi...

En una de su visita a Puerto Rico en 1904, Dolores le dijo a Amparo que estaba embarazada. El sólo la miró. Permaneció el tiempo suficiente para darle al bebé su nombre.

Amparo Manfredi Jr nació el 10 de junio de 1904. Él era un niño muy sano. Dolores estaba feliz de convertirse en madre, pero había estaba confundida porque Amparo Manfredi Sr. desapareció de su vida para siempre...

Una vez más, Dolores Rodríguez Quiles estuvo que iniciar una nueva vida y esta vez con un niño. Poco a poco Dolores olvidó ser española o que tenía familiares en España. Comenzó a pensar sobre su futuro.

"Bomba y plena "estaba en su mente...

Dolores siempre estaba pensando en bailar. Ella tenía la capacidad de trabajar en cualquier empresa, pero no qeria. Su mente estaba más atraída a teatros, bailes y cantos. Con mucha tristesa, siguió trabajando en una empresa mercatil en el puerto de Ponce.

Una tarde, Dolores estaba mirando por la ventana de su oficina. Ella vio un par de vagones artistico. Los vagones tenían todo tipo de carteles publicitarios. Estaba escrito que eran un teatro itinerante.

Eso artistas llegaron de diferentes partedel mundo. Ella era muy curiosa. Se alegro muchísimo cuando vio a los bailarines.

Dolores pensó que era más fácil bailar que estar sentada en una oficina todo el día. Corrió por las escaleras rapidamente. Una vez afuera, se reunió con el director del grupo. Ella le dijo que era una bailarina. La saludo y le informó que la audition iba a celebrarse en la tarde.

Cuando Dolores se estaba preparaba para bailar, José Mercusi estaba también preparándose para llevar a cabo su presentacion. José era el bailarín principal del teatro. Ese teatro estuva conpuesto por bailarines y actores de España y algunos locales.

Cuando las bailarinas del balet español se unió con el "mestizo", en la isla todo cambio. Esto hizo un enorme cambio porque cuando el español y el mestizo trabajaron juntos la música, canciones, bailarines y el ritmo era espetacular.

Aquí es donde el tono caribeño surgio. Los bailes fueron cambiando según se iban integrando mas españoles con los mextizos.

Yo me siento orgullosa de decir que mi bisabuela Dolores Rodríguez Quiles, era parte de ese cambio en nuestros bailes folklorico.

Tradicional, folklórico y música popular cambió cuando el españolse mezclo con el africano. No se encuentra muchos sobre la música antigua en Puerto Rico.

Nuestra cultura de la música en Puerto Rico durante los siglos 16, 17 y 18 se documentaba mal. Ciertamente incluye música de la iglesia española, música de banda militar.

El "Jíbaro" eran los campesinos de Puerto Rico. Los "Jíbaros" o campesinos nunca constituiyeron más de 11% de la población en la isla, sin embargo, contribuyeron algunos de las características musicales más dinámicas de Puerto Rico.

En el siglo XIX la música puertorriqueña comienza a surgir en luz natural histórico, con notación géneros como la "danza" que fue más reconocida mucho mejor que los géneros populares. En aquel tiempo, la música del "jíbaro" y "bomba y plena" no eran realmente documentada o reconocida como música.

Supongo que fue debido a su origen. La "danza" vino de la españa y la música del Jíbaro y "bomba y plena" de los mestizos...

Contribucion de los africanos a nuetra música

Los africanos de Puerto Rico utilizan tambores hechos de madera tallada, cubierta con un cuero crudo sin tratar, por un lado, comúnmente hecho de piel de cabra. Una palabra popular derivada del criollo para el diseño de este tambor fue "shukbwa", que significa literalmente 'tronco de árbol'. En otras islas como Guadalupe, este tipo de tronco hueco se llama "bwa fuyé".

Los pasos de los bailarines de balet clásico también cambiaron con el tiempo...

La Música jíbara

Los "Jíbaros" son pequeños agricultores de principalmente de ascendencia española. Constituyeron la abrumadora mayoría de la población puertorriqueña hasta mediados del siglo XX.

Tradicionalmente, la música jibara se reconoce como iconos románticos de cultivo de tierras, trabajo y autosuficiencia. Estos jibaros amaman a la música y los bailes.

Sus instrumentos eran parien tes españolas. Como la "vihuela", y el "cuatro" que se desarrolló de cadenas solo cuatro a cinco pares. También es el menos conocido "tiple".

Un grupo típico jíbaro cosiste un "cuatro", una guitarra y el instrumento de percusión como el "guiro" raspador y el bongo.

Letra de música "jíbara" es generalmente en la forma de la "décima", que consta de diez octosílabas líneas en el esquema de rima abba, accddc. Forma de la "Décima" deriva de España del siglo 16. Su raíz en varios lugares de América Latina especialmente Cuba y Puerto Rico es donde se canta en diversos estilos.

Una cantada "decima" se podría ser compuesta previamente. Esta fue derivada de una publicación por algunos literatos, o idealmente, improvsado. Es especialmente en la forma de una "controversia" en el que dos cantantes o poetas ingeniosos se insultan uno al otro. Mientra cantan, o discuten sobre algún tema social, le etan dando un mensaje al pueblo.

Entre las "décimas", improvisadas animadas pueden ser tocadas con el "cuatro". Esta forma de música es también conocido como "Tipica" así como "Tropical". Las décimas se cantan en melodías comunes. Casi siempre con patrones acompañamiento de cuatro estandarizados.

A continuación, verá la estructura de la "decima".

Se agrupan en diferentes grandes categorías, seis, por ejemplo, seis fajardeños, el seis chorreao y Aguinaldo.

Aguinaldo:

Hay diferentes tipos de aguilando: "Aguinaldo Corocoreño" desde el pueblo de Orocovis

El "Aguinaldo Cayetano" de la ciudad de Cayeis tradicionalmente, los seis podrían acompañar bailando, pero esta tradición ha desaparecido en gran parte excepto en festivales y espectáculos turísticos. M

Explicación del "Aguinaldo"

El "Aguinaldo" se canta más característico durante la temporada navideña, cuando grupos de "fiesteros" o "parranderos" van de casa en casa. Los jíbaros son los que van cantando. Los textos de "Aguinaldo" generalmente no siempre son sobre la Navidad.

Nuestros aguinaldos son diferentes a los de los angloamericanos villancicos. Son generalmente cantados por una sola persona y con cantando a coro.

En general, la Navidad es un momento de nuesta música tradicional, seis y aguinaldos, es más probable ser oído.

Afortunadamente, muchos de nuestros grupos puertorriquenos se dedican a la preservación de la música tradicional. Por esa razón, nuestra música continúa.

La música jíbara llegó a comercializarse en grabaciones comerciales en el siglo XX, y cantante de epoca como" Ramito", Flor Morales Ramos, nacio en 1915 y murió en 1990.

Todos estos tipos de música están bien documentados, sin embargo, los jíbaros se estaban convirtiendo en una especie en peligro de extinción. Todo esto paso, porque la agroindustria ya es del pasado. Las urbanizaciones han ayudado a reducir drásticamente el número de pequeños agricultores en la isla.

Muchas canciones de "jíbaro" se perdieron con los cambios de la migración a Nueva York.

Nuestra música «Jíbara» en general ha disminuido, aunque se conserva su lugar en la cultura local, especialmente en tiempo de Navidad y reuniones sociales especiales. Hay muchos que tocan el cuatro, algunos de los cuales han cultivado técnicas únicas.

Mis bisabuelos eran conscientes del cambio en los bailes y las melodías a lo largo de toda la isla. Ambos sabían cómo componer, cantar décimas y a bailar la "danza" y "bomba y plena"

Pasaron los años…

Ya José y Dolores se fueron poniendo mayores… Comenzaron a trabajar en otros lugares…

José Mercusi trabajaba como guardia de seguridad en los campos de caña de azúcar en la "Matilde". Trabajaba turnos de noche y era imposible conseguir un buen descanso. Siempre estaba de mal humor.

Dolores, por otra parte, mantuvo su otra ambición en su vida. Ella siguió trabajando en los hospitales cercanos. En los hospitales, Dolores adquirió muchos conocimientos y se graduó como partera.

José tenía otras cosas en su mente...

Un domingo por la mañana le dijo a Dolores que le planchara su mejor ropa. Era una chaqueta y pantalones blancos. Ella limpio y plancho ese traje con mucho amor. En aquellos tiempos, se utilizaba una placha con carbón.

Yo creo que la plancha pesaba mas que ella. Con el calor de Puerto Rico, no era fácil planchar un traje blanco. La pobre mujer lo hizo para tener contento a su esposo.

¡No vas a creer lo que sucedió después! Por la tarde, los rumores alrededor de la vecindad fueron terribles. Estanban comentando que Jose se caso con Lorenza Sabater...

Dolores estaba muy enfurecida porque ella estaba bien enamorada de ese hombre. Tenían una hija, Guadalupe y un hijo Rufino. El nunca admitió que eran del. Nunca le dio su apellido...

Por ahora, Dolores tenía tres hijos. El niño más mayor era Amparo Manfredi Jr. La joven Guadalupe Rodríguez y Rufino Rodrogiez eran el producto de Jose con Dolores...

Les tengo que contar, que depues de unos anos, Lorenza Sabater, dejo a Jose Mercusi. Ella se fue a vivir a Nueva York porque conocio otra persona....

Jose Mercusi se quedo en Puerto Rico con su hija Rita Mercusi. Jose continúo trabajando en la Matilde como guardia de seguridad. El también fue parte de la construcción de carreteras numero 2 en Puerto Rico.

Cuando mi padre era joven, trabajaban con ingenieros. El le comento a su jefe que su abuelo hacia bolitas y estacas para marcar las calles. Jose era el mejor en todo Puerto Rico.

Con esa estaca y esos bolitos, se podía marcar el punto más importante de las carreteras. El Ponce by pass fue unos de los projecto que mi padre hizo con los ingeiero.

Jose Mercusi salía de trabajar por las mananas en la hacienda Matilde y se ponía a hacer eso bolitos para los ingeieros.

Tambien Jose Mercusi tenia una buena mano para la agricultura. Pues sembraba habichulas y otras cosas y las llevaba a la plaza del mercado. Tenía mucha habilidade para los negocios.

Se mantuvo trabajando por muchos anos. Su hija Rita ya estaba casada con un tio mio, Pedro Morales Figueroa.

Esas parejitas de recién casados dicidieron mudarse para Nueva York. El pobre anciano, Jose Mercusi, se quedo sin hogar. Mi abuela Guadalupe, se lo llevo para su casa y lo cuido hasta que fallecio....

Nada detuvo a Dolores Rodriguez. Ella continúo tomando clases en el "Hospital de Damas". Este hospital fue fundado en 1863 como el "Santo Asilo de Damas" por la hermana Francisca Paz Cabrera. Se conocía también como "Siervas de María", desde 1891.

Dolores ya estaba terminando con sus estudios en los hospitales. Llego a trabajar en hospital Dama...

Dolores siempre estaba ansiosa por aprender más. Ella fue aprendiendo de las mejores enfermeras en el hospital. También ella se involucró con asistir partos y ayudar a los enfermos antes de llegar el doctor. Que es cómo ella comenzó a estudiar para sus licencias como una "partera" ' Dolores Rodriguez Quiles se graduó como partera. Ella asistió a enfermeras y médicos en el hospital con el fin de ser certificada.

El hospital fue situado en el centro de Ponce, pero en el 6 de mayo de 1973 se trasladó a su actual ubicación en una nueva torre de 10 pisos en el lado norte del "by pass "de Ponce. La ubicación original de Damas, como comúnmente se llama el actual hospital, es ahora el hogar de Parque Urbano Dora Colón Clavell.

Dolores siguió teniendo pretenientes. Ella siempre quería ser libre por eso no le importaba casarse. Pues su último compañero fue Chito Lugo.

Procrearon dos niños hermosos Costancia Rodriguez y su hijo, Ramon Lugo. Como los anteriores, ese hombre se fue. Lo curiso fue que Don Chito le dio el apellido al varon, a Ramon Lugo.

Lo mas grande, que todavía no lo puedo creer, fue cuando Don Chito Lugo se enfermo, lo cuido su hija, Constancia.

Hoy, estamos todos juntos celebrando su cumpleaños Dolores cumplio 100 anos. Mi bisabuela miró a todos nosotros. Ella estaba feliz de ver a sus hijos, nietos, binietos, y demás familia res y dijo: "Mira lo que empecé, esta hermosa familia. Estoy tan orgullosa de ser parte de su vida."

Empezó a contarnos sus historias...

Mamá Dolores nos contó de su vida artística. Ella cantaba y bailaba en el "Juan Francisco Sabater Night Club". Ella trabajaba allí sólo los fines de semana, porque ella estaba cuidando de los enfermos durante la semana.

A veces digo que mi bisaabuela nació antes de su tiempo. Mamá Dolores tenía la habilidad de convertirse en una gran doctora. Ella también asiste el doctor que venia a la comunidad una vez al mes.

Una tarde, mientras esperaba para el médico, Dolores decidió escribir en su diario que fue lo que hizo durante el dia. Ese informe se lo tenia que entregar al cuando llegara a visitar a sus enfermos.

Pues comenzó escribiendo una cura para las úlceras de estómago. Ella explico cómo la "yerva mora", una planta cultivada en todo

Puerto Rico, puede curar cualquier virus de estómacar.

Le cuento esto porque había un hombre que se quejaba por más de una semana sobre de un dolor en su estomago. Dolores le dijo que tenía que hacer. Le explico como hacer un l té de la planta verde. Ese té tenia que endulzarlo con miel.

Cuando el doctor llegó a visitarlo, el dolor se había desaparecido. El médico le informó fuera al hospital para algunos análisis. Él lo hizo y fue diagnosticado libre de virus o úlcera estomacar.

Mamá Dolores era un ángel. Ella no cobraba nadie por sus servicios. Sólo les deseaba una buena salud. Hay tantas historias sobre esta maravillosa mujer. Mamá Dolores vio en Puerto Rico durante la época española y durante la invasión de los americanos...

Mama Dolores vio muchos cambios en esta hermosa isla...

Durante las tres primeras décadas después de la ivasion americana, el gobierno de Estados Unidos hizo esfuerzos para americanizar su nueva posesión, incluyendo conceder la plena ciudadanía de los Estados Unidos a los puertorriqueños en 1917 y teniendo en cuenta una medida que haría el idioma inglés oficial de la isla.

Además, durante la década del 1930, un movimiento nacionalista dirigido por el Partido Popular Democrático ganó amplio apoyo en toda la isla, y más asimilación de Estados Unidos se opuso con éxito.

En 1948, los puertorriqueños puedian elegir a su propio gobernador.

En el 1952, el Congreso estadounidense aprobó una nueva Constitución de Puerto Rico que hizo a la isla una commonwealth Autónoma de Estados Unidos, con sus ciudadanos conservar la ciudadanía americana.

La Constitución fue formalmente adoptada por Puerto Rico el 25 de julio de 1952, el 54 aniversario de la invasión de Estados Unidos.

Los movimientos de la estadidad de Puerto Rico, junto con menos movimientos por la independencia de Puerto Rico, han ganado seguidores de la isla.

Sin embargo, los referéndums populares en 1967 y 1993 indican que la mayoría de los puertorriqueños todavía apoyan su estatus especial como un estado libre asociado de Estados Unidos.

Mamá Dolores me decía las diferentes formas en que los Americanos españoles governalron a esta isla. También me dijo acerca de nuestros antepasados. Fue tan triste escucharla. Lágrimas fueron rodando por sus mejillas mientras me contaba cómo ella lo tenía todo y como lo había perdio todo por el cambio de gobierno...

Capítulo 21

Mis Abuelos Paternos

Julio Pagan Torres y Guadalupe Rodriguez Quiles

Julio siempre fue el gran amor de Guadalupe. Cuando ellos tenían apena quince anos, ya eran novios. Mama Dolores no quería es noviazco porque Julio era bien enamorado.

Se le conocía varias conquistas. Pero nada detuvo a estos dos adolecentes. Aunque vivian en la misma vecinda, se veian en la plaza de Ponce. Todo el domingo, Julio la esperaba para caminar en la plaza. Aya con su amigo compartían de lo más bien.

Julio quería siempre lo mejor para Guadalupe. El ya tenían un plan perfecto. El plan era que se hiban a casar en la Catedral de Ponce en junio 1925. Ellos eran jóvenes, pero Juan y Ana, los padres de Julio los iban ayudar.

Se casaron y todo fue bien hermoso. Ana, la madre de Julio, quería lo mejor para su hijo. Le compro un juego de cuarto y le dijo que podía quedarse en su casa. Ana siempre estaba triste porque desde que se caso con Juan, su vida era un infierno.

¿Por qué digo esto? Porque Juan separo a Ana Torres de su familia que vivía en Guyanilla. La familia de Ana eran personas ricas. Juan era solo un pobre trabajador.

Ana era una española blanca y Juan un mestizo que trabajaba recojiendo tabaco. En el momento que supieron de los amores de Ana con ese mestizo, la botaron de la casa.

Ana se pasaba llorando. Al final se murió de pena. Juan murió aciano, y llego a conocer su primera bisnieta, Norma Iris Pagan Morales…

Pasaron muchos años….

Julio y Guadalupe ya tienen siete hijos. Juan Pagan Rodriguez es el mayor. Todos esos hijos y nietos nacieron en la casa que construyo mi bisabuelo Juan Pagan y Ana Torres…

Julio Pagan Torres se convirtió en un hombre bien responsable. Ingreso a la Guardia Nacional de Puerto Rico. Luego, todos sus hijos también servieron la nación.

Papa Julio y Mama Lupe, me gustaría que ustedes estuvieran aquí, pero triste decir que ya fallecieron. Todavía pienso en tus chistes, Papa Julio. Me acuerdo de tu risa y tu adorable sonrisa. Recuerdo cuando tú y yo solíamos.

Cuando yo tenía seis, tú me llevabas a la escuela. Yo siempre pensaba, "Dios mío, que maraaavillos es estar con "Abuelo".

A veces parábamos en la tienda donde conseguiría mis "piloncitos", pero siempre quería que usted, Papá Julio, condujera un poco más para que mis amigos vieran que elegante te veías en tu uniforme del ejército….

Papá Julio, ahora estoy grande y ojalá pudieras ver lo inteligente y brillante que me he convertido.

Tú siempre me iluminaba mi mundo y me daba mucho amor. Siempre me ayudabsa con mis estudios. Aún te siento y sé que no estamos muy lejos del uno al otro. Sé que eres mi ángel de la guarda que vela por mí. Aún te extraño y deseo que tu estubieras aquí. Sólo tengo que pensar en ti y derramar una lágrima grande.

Dios tuvo que llevarte para que no sufrir más… Estabas muy enfermo. Mama Lupe sufrio mucho con tu partida. Sabes que me dijo tantas historias de ustedes.

Si "abuelita" tuviera un significado que te contare lo que sería si fueras cerca tu yo. Las abuelitas siempre están ahí para ayudar y para secar tus lágrimas. Tú eras asi abuelita. Siempre me estabas mirándome. Te gustaba oir lo que yo hacia en la escuela.

Cuando yo tenia cualquier projecto de costura, tu estaba ahí. Gracias oor ensenarme a cocer y cocinar. Si yo hacia algo mal mi "abuelita" siempre estabas allí e incondicionalmente. Siempre te podía contar contigo. Sin ti "abuelita" estaría perdida y mis lágrimas no serían secadas

A ti abuelito y abuelita, les quiero decir gracias…

Siempre estarán en mi corazón.

MAMA LUPE

Qué delicia sería, un cielo con ventana…
¿Y adivinen qué?
Si Dios me concede una vista, de toda la belleza que contempla,
Sólo te buscaría a ti.
Quiero escuchar tu risa que siempre fue música a mí,
Tu hermoso cabello largo y ojos marrones grandes
es lo que gustaría más.
Si pudiera solo verte una vez más
la sonrisa que calienta mi corazón,
Atesoro todos los momentos que vivimos.

Aquí en la tierra, te busco y le pido a Dios por signos,
Cada día que pasa, etas todavía conmigo en mi mente.
Sé que estás feliz en el cielo;
Has ganado tu mansión celestial,
Me imagino la mesa de la cocina y tú me espera allí.
Te amo y te extraño más que palabras pueden decir...
Cada día que pasa, estas todavía conmigo en mi mente.
Sé que estás feliz en el cielo;
Has ganado tu mansión de celestial,
Me imagino la mesa de la cocina y me espera allí.
Te amo y te extraño más que palabras pueden decir...

Donde me lleva esta vida sabes que no he olvidado tú.
Recuerdos, que una vez en un tiempo fui bendecida
Y amada por usted, verdad, Mamá Lupe,
si cielo tenía, al menos una ventana
Yo buscaría sólo a usted.

Capítulo 22

El Proceso de la Vida

En el siguiente, voy a explicar;

1. «¿Qué es el proceso de la vida?»
2. Poemas dedicados a mi madre querida---Digna Morales Figueroa
3. La relación envejecimiento y enfermedad...

El proceso de vida

Muchas personas no quieren enfrentar el hecho de que están envejeciendo. Envejecer es sólo un proceso y debe ser apreciado.

Cada año se celebramos el cumpleaños. Un cumpleaños es el proceso de envejecimiento. Muchos dañan este proceso al no cuidar de su salud. Cuando comen bien o hacen ejercicio correctamente, están cuidando el proceso de la vida.

El envejecimiento es un proceso natural de la vida. Comienza el momento que nacemos. Curiosamente, la mayoría de nosotros vivimos bajo la ilusión que nosotros y nuestros seres queridos nunca van a hacer viejos.

Cuando llega la vejez, a menudo no estamos preparados. Los jóvenes ayudan a cuidar al viejo. Aquellos que necesitan ser atendidos por primera vez, pasan un tiempo fuerte porque no aceptan que necesitan ayuda. Esta condición es un producto de nuestra cultura que hace todo lo posible para ocultar la pérdida de la juventud.

Esta es la realidad. Es el comienzo de una relación sana de la vida, envejecimiento y después la muerte.

Dementia

Madre querida, estaba tratando con demencia
Fueron teiempos dificile
Tu estabas atrapados en las paredes de la prisión
Esa prisión era tu mente....
Tu la mujer inteligente....
Ya no existía....

La Historia de Mi Madre

La tranquilidad después de la tormenta. Lluevia en Ponce y ahora está tranquilo. El agua escurre por el tubo y las gotas todavía están salpicadas. Estoy relajada. Dormí bien, mejor que cualquier noche durante las últimas semanas. Un cálido resplandor, una paz interior me llena. Estoy contenta y muy feliz. He decidido mudarme con mis padres...

En enero del 2011, me mudade con mis padres. Mi Madre estaba muy feliz con mi decisión.

Tenía un efecto extraño de saber que mi madre tenía Alzheimer. No entiende por completo lo que el doctor me estaba diciendo, pero tras el primer choque de la noticia, hubo un momento de tristeza y miedo. Luego, sentí una repentina ola de paz y serenidad cuando comencé a conseguir un montón de información acerca de la enfermedad.

Tratar ayudar a mi madre con esta enfermedad no era fácil. Mi papá también está muy enfermo de diabetes, problemas cardíacos, artritis y muchos otros problemas médicos que vienen con la edad.

Él estaba allí en la misma casa, pero no fue de mucha ayuda. Tengo hermanos que creo que no les importa. Muchas veces llamé a mi hermana y ella no dijo nada acerca de venir a Puerto Rico para darme una mano.

Yo tenía un trabajo a tiempo completo y no fue fácil ir a trabajar con una sonrisa. Yo era instructora en la Guardia Nacional y siempre hice mi trabajo. Me reportaba a mi trabajo a tiempo. Nunca con excusas que tenia que cuidar a mis padres.

Muchas veces llegue a mi casa del trabajo y encontre mi papá en el piso. Mi mamá lloraba porque no sabía lo que estaba sucediendo. Estaban todo el día sin comer a pesar de que le deje comida en la nevera.

Después de ese incidente, decidi retirarme. Fue una decisión triste, pero mis padres siempre fueron primeros en mi lista.

Los primeros signos de que algo andaba mal con mi madre eran fuertes. Ella enojaba mucho. Se iba a casa de los vecinos sin decir nada. Luego, se perdia caminando por calles familiares.

Su primer pensamiento después de ser diagnosticada con esa enfermedad fue no hacer nada. Solo quería estar sentada como un vejetal.

"Puedo comenzar a vivir mi vida porque no estoy muerta," ella me dijo en la sala una tarde. Yo me sorprendi y segui hablando con ella.

Toda mi vida cambiada después de que me mudé con mis padres. Me aseguré estar siempre a su lado cuando ella iba a ver a su médico. Su doctor de cabezera me dio una lista de especialistas.

Eran todos muy serviciales. Nos convertimos en un equipo. Su médico de atención primaria fue el mejor. Me dijo un día que si otros cuidaran padres asi, estarían en mejores condiciones.

Irónicamente, existen ventajas en la enfermedad de Alzheimer. Mi madre se enfoco más en lo que era importante. Permaneció en contacto con todo el mundo que le encantaba. Al principio, tenía miedo de lo que podrían decir sus amigos. Siempre estuve ahí con un poco de humor, y respondieron con su apoyo.

Ella todavía tenía muchos altos y bajos, que ella no admitia. Esta enfermedad nunca me dejó de no llevar a mi mamá de compras o un baile.

De hecho, en sus buenos tiempos, ella estaba haciendo planes sobre las próximas fiestas o eventos een familia. El medico estaba contento con algunos de los avances que mi madre estaba haciendo.

Por desgracia, quiero señalar que, la incidencia de los aumentos de la enfermedad de Alzheimer pasa por la edad. Aproximadamente la mitad las personas que alcanzan los 80 pueden padecer de Alzeimer. Estadísticas de la Asociación de Alzheimer confirman este hecho.

"Esta catástrofe se podría haber evitado, con más investigaciónes. Hay una respuesta por ahí.

Por ahora, solo tenemos que esperar. Tenenemos que preparanos con cualquier información. Hace toda la diferencia estar preparados y planificar el resto de la vida de cualquier persona.

Yo me preparare; mental, física, emocional y espiritualmente, para puder ayudar a mi madre. Ella esta conciente en sus dias bueno de lo que estaba pasando.

Tan pronto como comenzó su medicación, detuvo el progreso. En cuanto, a la función cerebral, en relación con el mundo, ella todavía estaba en el rango normal, porque yo comencé a supervisar su comportamiento.

Mi madre hacia ejercicios con su mente jugando dominó con mi papá y yo. Ella ejercitó su cuerpo haciendo zumba.

Mi madre, la madre de tres, abuela y bisabuela, todavía hizo sus tareas. Ella no se pierde nunca más cuando visita a sus vecinos.

Ella me dicía «es extraño, pero desde que me diagnosticaron con Alzheimer, he hecho una gran diferencia en mí para lo mejor.

¿Ella me preguntaba "me voy a morir? ¡Y entonces me decía, Y qué!" Estoy lista...

Ella me confeso, "Cuando era más joven, estaba siempre esperando o alcanzar diversos objetivos en la vida, en lugar de vivir en el momento".

Ella siempre me decía que yo era la razón de estar viva. No hubo nunca un momento aburrido cuando yo estaba con mi madre...

Mi querida madre murió el 16 de diciembre del 2013 a la edad de 83. Echo de menos a mamá y a veces me siento como si ella está todavía conmigo. Cuando eso pasa, me sonrio y sigo haciendo mi rutina diaria...

Actualmente estoy jubilada y disfrutado la vida. Mi papá falleció a los 92 anos.

Poemas para Mí querida Madre

LA DESPEDIDA DE MI QUERIDA MADRE DIGNA MORALES FIGUEROA

25 de agosto del 1930-16 de diciembre del 2013

El alba llegó cuando estaba a tu lado…
Aunque estaba preparada.
Fue fuerte comprender que tu mi madre querida
Tu espíritu, el soplo, tu alma,
Habían volado alto esa tarde
Del 16 de diciembre del 2013
Te quedaste para siempre dormida.
Siempre estuve a tu lado…
Yo en tu cuarto con mi padre.
Como siempre solitos contigo.
Tú quieta, inerte, para siempre dormida.
Cerrando tu boquita, acariciando tus manitas,
Mi padre y yo te abrazamos para cubrirte toda.
El llanto, la tristeza larga, el hueco y el vacío,
El dolor que se apodero de tu cuerpo y mente,
Nublando los pensamientos para convertirte
En un ser frustrado e impotente.
La noche nunca se acababa
Escondida detrás de la luna gimiendo
Los días que siguieron fueron todas pesadillas,
Mi llanto se hizo lluvia torrencial,
Mi voz quejandose de espanto,
Sonido de quebranto,

MIS RAICES

Mi pluma callada,
Y todos los te quiero que muchas veces te dijiste
Vinieron como ecos
A resonar constantes en mis oídos.
Madre te has marchado, aunque estaba preparada
No estaba lista para tu partida
Madre te fuiste dejándome desolada,
Como explicarte mis suspiros por ti
Las veces que me llamaste
y yo siempre estuve todo el tiempo para escucharte.
Nunca estuve apurada con mis proyectos
Nunca estuve ocupada con mi trabajo
Tú siempre fuiste primero...
Esa tarde del cielo bajo de una nube blanca
De algodón y caramelo,
Un ángel bello vestido de mujer.
Vino a secar mis mejillas de las lágrimas,
Que por ti lloraba madre querida.
Y un desesperante cosquilleo en mi cuerpo
Hizo el recorrido sutil de tus dedos amorosos
Tocaste mi rostro, me tomaste las manos,
y tu voz ronca me repetía:
"no tengas nunca miedo,
Siempre estaré a tu lado".
Tus manos que fueron las primeras manos
Que me tocaron cuando nací,
Tus manos que siempre me acariciaron con ternura
Que solo tiene una madre,
Tu compasión por mi dolor
Cada vez que llorando te contaba
Lo duro del camino, y todo lo que tenía que afrontar.
Cuantas veces tus manos cansadas acariciaron con ternura
Mi rostro de niña

Cuantas veces me dijiste "tu puedes"
Tus versos maravillosos como los del mejor poeta
Encontraron refugio en mis letras,
Ahora que haz partido reparaba tantas cosas
Que no había acaso comprender.
Madre mis noches se han hecho largas y solitarias
Madre no tengo a quien contarle muchas cosas,
Empiezo a caminar a tu cuarto
Y entonces recuerdo que ya no estas...
Te extraño tanto, tanto...
Me haces tanta falta
Eres irremplazable.
Y ahora aprenderé a buscarte
En los ojos de mis hermanos,
Y de tus nietos,
Podre encontrarte en mis sueños,
Reconocer tu fragancia,
Recuerdos que esan guárdado
Para siempre en el huerto de mi alma.
Y otra vez la niebla de la noche
Cubrirá mis ojos tristes y cansados,
Y al contemplar el cielo
Al temblar mi frágil corazón partido
Te buscare en las nubes blancas.
Y pasaran muchos de años
Muchos de días, miles de noches.
Y te seguiré buscando en los recuerdos,
Pasaran muchas de noches en que dormida
Iremos de compras a las tiendas,
Al cine, y a la playa,
Cantaremos muchas canciones,
Cocinaremos juntas, y discutiremos,
Y haremos todas las cosas

MIS RAICES

que hacen las madres Con sus hijas.
Y volveremos algún día a estar juntas
Como cuando me cargabas en tu vientre.
Emprenderé cuando el tiempo me llegue
El vuelo que me acerque a tu lado
Estaremos juntas por fin
Madre e hija,
En paz, amor y armonía
Donde habitan nuestros sueños
Y residen nuestros más fervientes anhelos
Hoy descansas plácida al lado de mi abuela Ceferino
Tu madre...Mi hermano Julio y demás familiares,
Ustedes pueden escuchar nuestras voces
Y en la copa de un árbol celestial llevas
Tu piano con negras, blancas y corcheas
Que se funden en nuestras almas,
En la más hermosa melodía angelical.
Un concierto de sonrisas
Contagiando a las aves
Que emigran a donde levita
La inocencia de las mariposas invernales
y la luz brillante
De nuestras amadas estrellas.
Junto a muchos niños vestidos de blanco
Bonitos y angelitos celestiales
Bailando y perfumando todo,
Lo que sentimos tus tres hijitos por ti madre,
Que es tan cristalino y puro.
Hoy, 20 de diciembre del 2013...
En esta tarde triste de despedida,
Te queremos decir madre querida,
Que estamos destrozados y desgarrados
Por el dolor de tu partida,

Tú nos haces falta,
Todos juntos te prometemos
Convertirnos en hombre y mujeres Justos,
En hermanos amorosos y unidos.
Te llevare conmigo el resto de mi vida
Y sé que en la puerta del cielo
Nos estaras esperando

Madre

Madre, fuiste mi fiel
Compañera y confidente
Incluso, en los momentos más difíciles
Siempre estuviste a mi lado
Usted dedicó su vida a cuidar
Y proveer para sus cuatro hijos
Tanto física como emocionalmente.
Siempre sabía cómo
Ayudarnos a superar nuestros problemas
Y prosperar a pesar de todas
Las situaciones que enfrentabamos.
Tu amor es irremplazable,
Que hizo perder a la muerte una increíblemente
Experiencia dolorosa

Mi Querida Madre
DIGNA MORALES FIGUEROA

Cuando levanto la mirada hacia el cielo
Veo pájaros volando, veo nubes,
La luna, posiblemente el sol
Puedo describir muchas cosas...
Cuando levanto la mirada hacia el cielo

MIS RAICES

Te voy a contar lo que veo
Y te veo a ti, mi querida madre
Tú me está hablando
Tú me dice que no querías dejarme
Pero era el momento de tu partida
Fue difícil para ti
Pero lo tenía que hacer
y estás rompiendo tu corazón
Tú me dice que no debo estar triste
Porque finalmente, eres libre
Para encontrar tu lugar en el cielo
Tú siempre estarás en mi corazon
Estas ahí para guiarme cuando me siento perdida
Tu siempre estaré allí para consolarme
y psts limpiar mis lágrimas
Tú siempre estará allí para compartir mi alegría
y reírte de los chistes que hago
Con el fin de sentir tú presencia
Yo sólo uso un poco de imaginación
Tú puedes estar en forma de una mariposa
o simplemente una pluma flotante
En diciembrer 16, del 2013,
Muchos vinieron a decir su despedida
Pero para mí no era adiós
si quiero verte, lo único que tengo que hacer
Es mirar hacia el cielo...

GRACIAS A MI QUERIDA MADRE
DIGNA MORALES FIGUEROA

agosto 25, 1930- diciembre 16, 2013
Yo pienso en ti cuando veo una flor,
Las olas del mar y su gran gran profundida,
Eres un poder escondido, y muy hermosa.
Cuando sale el sol y cuando es hora de dormir,
Tú recuerdas siempre yo mantengo...
Muchas gracias, querida madre.
Pensaré en ti cuando veo la salida del sol,
Y cuando las nubes corren por el soplo de las brisas,
Luego, como los días finales del color muere,
Mis pensamientos, vienen
Y mi amor por ti crece más profundamente,
Gracias, querida madre.
Pensaré en ti cuando veo un árbol,
Y flores en el jardín…
Tú, que amabas tanto tu familia;
Era evidente, si,
Tú siempre sanabas nuestras heridas
Cuando nos caiamos…
Muchas gracias, mí querida madre.
Creo que, cuando veo las estrellas por la noche,
Sus grandes extensiónes en el espacio,
Veo a ti mí ángel brillando,
Tú tiempo en la tierra fue tal gracia
En mi corazón tienes un lugar especial
Gracias a ti, querida madre.
Pensaré en ti cuando tengo algún dolor,
Tantos años que usted cuido la casa,
Tantas cargas pesadas y trabajo por hacer,
Bajo tus alas crecimos rápidamente,

Gracias a ti, querida madre.
Creo que como me estoy poniendo vieja,
Mi cabello se cambia poco a poco,
Su valentía me ha hecho fuerte,
Lista siempre para enfrentar mis miedos,
El temor de la noche,
tu amor y dulces recuerdos
Me traen deleite.
Gracias, mí querida madre.
Creo que cuando llegue mi tiempo…
De ir a mí casa en el cielo,
Tú me estaras esperando
Nuestra verdadera familia
Estará allí esperándome contigo,
La suave influencia crecerá siempre,
Dejaste un legado precioso,
Para ayudarnos alcanzar nuestro destino.
Gracias, querida madre.

Madre Querida
DIGNA MORALES DE PAGAN

Hoy es el día de la madre y te fuiste al cielo...
Recuerdo ese día claramente...
Estabas tranquila como siempre
Y no me diste ninguna advertencia...
Sólo una dulce sonrisa...
Nunca me dijiste "Me voy" no dijiste adiós
Un millón de veces te necesite,
Un millón de veces lloré
Y usted siempre estabas ahi...
Sé que algún día...
Estaremos juntas otra vez...

Si estuvieras aquí hoy,
Estuvieramos preparando todo
Para celebrar el dia de las Madres...
Hoy, estoy sola y lo unico que puedo...
Decirte que te amo mamá,
Nunca te olvidare madre querida

Nunca Te Olvidare

Lejos están aquellos días
Cantando alegre y Jugando con mis hermanos...
Tus primeras caricias,
Madre mía,
Que, desde niña, alegre me ofreciste
Nunca me olvidare...
En el cofre de mi corazón guardo
Aquel ramo de besos que me diste.
Extraño esos dulces consejos...
Extraño también tus regaños
Que tantas veces me diste...
Tú eres la encarnación de la belleza,
El perfume de todos los jardines
Nunca te olviare, madre mia

Capítulo 23

Mi Hermana

Mi querida hermana Adelin que amo con todo mi corazón… ¿Qué puedo decir de ella? Bueno, como cualquier familia normal, crecimos rodeados de padres adorables. Mi hermana es más joven que yo, pero siempre compartimos todo.

Cuando crecimos, sequimos conpartiendo y estamos más juntas que antes. Nosotras hablábamos de chicos y amigos en general. Cuando llegó la hora de elegir una escuela secundaria, mi hermana fue a la misma que yo, Prospect Heights H.S. en Brooklyn, New York.

Yo la aconsejaba mucho. Ella era una niña muy dulce. Era lo contrario a mí. Supongo que yo era como una madre para todos mis hermanos.

Recuerdo una vez cuando una muchacha vino a nuestro bloque en Brooklyn. Ella estaba llamando a mi hermana. Mis padres no estaban en casa. Adelin bajo y se enfrento con esas muchachas. Una de ellas era mucho mayor que nosotras.

Ella vino para pelear. Yo estaba mirando todo por la ventana. Enseguida comenze a correr por las escaleras. Quería conocer a esa muchacha.

Esta joven vino alegale algo a Adelin. Comenzó diciendo que dejara el novio de su prima. Le dije que eso a ella no le debe imprtar. Mi hermana no tenia la culpa de que el novio de su prima ya no la queria.

Bueno, ¿adivinen qué? Ella se acerco mi hermana. Es cuando me puse bien enfurecida que me converti en una niña anormal y lunática. Le advertí que no se acercara a mí hermana. Ella no escucho.

Mientras tanto, las otras muchachas alrededor del bloque vinieron adelante. Les dije que yo tenía todo controlado, pero que se quedaran cerca por si acaso necesitaba su ayuda.

Adelin sólo estaba allí llorando. Tomé un palo y comenze dale golpear a las dos niñas. Las dos muchachas no podían defenderse. Estaban golpeadas gravemente. Se quedaron en el suelo por un tiempo. Dejé de luchar con esas niñas, se fueron sin decir una palabra.

Cuando la lucha terminó, nos fuimos a la tienda de la esquina para un helado. El dueño nos dio batidas gratis porque sabía que esas muchachas eran problematicas. El bloque entero me felicito y las dos perdedoras se fueron a la calle de Bonds con su ropa rota y su cabello desordenado...

Ocurieron un montón de situaciones donde tuve que ayudar a mi hermana. Yo siempre estaba allí... Las cosas no eran diferentes como adultas...

En la siguiente, verás que unidas estamos...

Yo siempre pense que mi hermana y yo eramo parte de un plan celestial l hecho por Dios...

Es fácil decir que una persona tiene una ventaja seria en la vida si provienen de una familia amorosa. Muchas personas todavía tienen éxito a pesar de que proceden de situaciones familiares menos que ideal.

Por nuestras necesidades básicas y saber que nuestros padres nos amaban, fue mejor para afrontar todos los retos de la vida cotidiana. Era mucho más fácil enfrentar cualquier obstáculo cuando estabamos creciendo.

Adelin y yo estábamos siempre buscando cosas diferentes para ayudar en la casa. Mi mamá no sabía cómo manejar simple problema. Ella lo único que nos decia era que teníamos que esperar a que nuestro padre llegara de trabajar. Nos cansamos de esa respuesta; por lo tanto, tomamos nuestras propias decisiones sin que lo supiera.

Realmente creo que Dios nos organizó en nuestra familia para que podamos crecer en felicidad y seguridad. A veces pienso que hemos aprendido amarnos unos a los otros desinteresadamente. Fue la clave para la verdadera alegría.

Nuestros vecinos no se sorprendieron cuando nos graduado de la secundaria con honores y seguimos estudiando en la a la universidad. Mis hermanos y yo tuvimos un sueño. Ese sueño se hizo realidad. Fue terminar nuestra educación y prepararanos para el futuro.

Nuestra familia siempre fue primera. Tal vez fuimos uno de los afortunados que fueron criados en un hogar feliz y seguro con dos padres amorosos.

Es probable que, como adultos, quisiéramos el mismo ambiente feliz para nuestra familia. Hoy en día, vivir pacíficamente en una familia no es fácil. Para nosotros, los valores de la familia fueron número uno.

Los valores nos enseñaron por nuestros padres fortalecieron nuestra familia. Muchas personas que han vivido desastres nunca dicen, "Todo lo pensaban durante el terremoto fue como sobrevivir y en sus familiares".

Cuando crecíamos, nos hicimos una promesa y era siempre nos íbamos a ayudar uno al otro. Incluso, nadie se atrevía a molestarnos porque estuvimos ahí cada uno para el otro.

A veces nos hizo creereramos actores en una especie de un pelicula. Cada uno tenía un papel especial en nuestra película imaginaria. Analizamos todas las responsabilidades que cada uno de nosotros teniamos. Todos pusimos mucho esfuerzo para fortalecer nuestra familia.

Digo esto porque nos mudamos a Nueva York y mis padres no estaban realmente listos para subre vivir allí. Las cosas eran muy complicadas en esa ciudad. En Puerto Rico, mis padres lo tenían todo.

Siempre ayudábamos a nuestros padres por mantener un hogar tranquilo. Nunca nos quejamos de nada. Adelin y dos hermanos me ayudaron poner primero la necesidad la familia.

Nunca pediamo juguetes ni ropa. Los cuatro aprendimos a reciclar a un muy joven. No nos importaba lo que tenían nuestros amigos. Nuestra casa era nuestro club y por eso era todo perfecto.

Recuerdo una Navidad que le dijimos a nuestros padres que éramos felices solo conseguir gorras y guantes como regalos. Le prometí a mi hermana y hermanos que iba a guardar cada centavo para comprar lo que realmente queríamos sin que nuestros padres lo supieran.

¿Adivina qué? Lo hicimos bien. Ya que estábamos tan bien en la escuela, empezamos un negocio. Le dije a Papa John que necesitábamos una máquinilla para escribir nuestros trabajos de escuela.

Empecé a escribir los reportes de libro. Mi hermano Papo hizo la cubierta. Julio hizo ciertas escrituras y Adelin juntaba todos los papeles. Hicimos un par de dólares semanalmente. Teníamos tanto dinero que compramos abrigos de cuero y botas.

A veces Papa John querería que les prestaramos dinero. Por supuesto que se lo dimos, pero con interéses.

Cuando crecimos, nuestros hermanos se separaron un poco, pero mi hermana y yo seguíamos juntas...

El dia de mi boda, mi hermana fue la que me dio el dinero necesario para la recepción. Ambas pagamos todo el evento. Incluso, le compramos a mi madre su vestido, zapatos y accesorios. Pagamos el alquiler del tux de mi padre.

Un par de años más tarde, mi hermana se caso. Una vez más ambas pagamos todos los gastos. Nunca molestamos a nuestros padres con nuestros problemas ni con gastos monetarios. Mi papá sólo pagaba las cuentas necesarias de la casa.

Si mi madre necesita algo, Adelin y yo estabamo allí para comprarlo. Mi madre nunca pidio mucho. Mi padre estaba siempre contento porque él no tenia que darle nada a mi madre.

Cuando nos casamos, seguimos cuidado de nuestros padres. Se mudaron para Puerto Rico y por correo le enviamos paquetes y dinero...

Ya mi hermana se jubilo. Esta viviendo muy feliz en Myrtle Beach, SC. Yo vivo en Puerto Rico con mi padre, pero hablo con mi hermanita tres o cuadro veces al dia. Lo mas increíble es cuando ella se siete males. Yo la llamo y le pregunto que le paso. A mi me duele si ella se cai. Si esta contenta, también lo siento. Es bien estrano lo que nos pasa. Aveces creo que somo como gemelas.

Ella y yo nos seguiremos ayudando, pero yo me sentire mejor si ella se muda para mi casa en Puerto Rico.

Capítulo 24

Mis Sobrinos

Una persona puede aprender mucho de los libros, pero muchas cosas sólo pueden ser aprendidas de la peor manera. ¿Qué quiero decir con esto?

Bueno, uno puede aprender la vida, sufriendo o incluso disfrutando.

Estábamos siempre muy cercanos y siempre cuidándonos de unos al otros.

Una noche, aproximadamente, 7:00 pm, estaba en mi cuarto en Ponce. El clima era agradable; sin embargo, estaba demasiado tranquilo.

De repente, mis perros comenzaron a ladrar. Me preocupe mucho. Pensé que tal vez vieron a alguien tratando de romper el porton del patio. Si permanecieron ladrando por un buen rato.

Pues decidi bajar. Estaba tratando de levantarme de mi cama, pero no podia. Pensé en las muchas lecciones que he aprendido en mi vida se acabaría todo en el fondo de la basura.

Yo sólo podría decir que todo en la habitación comenzada a vibrar. No podía moverme en absoluto. Un campo magnético me jalaba hacia el suelo. Esta extraña sensación duró unos minutos. Pensé que era el fin del mundo. Encendí la televisión y para mi sorpresa había un flash de noticias de un terremoto que azotó a Puerto Rico.

Fui a ver a mis perros y ellos todavía estaban temblando. Los entre a la casa y se calmaron. Les deje quedarse en el sofá hasta por la mañana. Entonces decidí escribir lo que había pasado.

Estoy escribiendo esta hoy, 24 de abril de 2016, por lo que, Ray y Rebustino, puede obtener una idea de que la vida es demasiado corta para perder.

Hay muchas razones por qué empecé a escribir sobre el terremoto. Mi miedo era que el terremoto realmente podría destruirme. Todas las lecciones que he aprendido en la vida iban desaparecer conmigo. Con escribir esto, espero poder pasar algunos de mis recuerdos a usted y el resto de mi familia.

El mensaje más importante que quiero llevarle a todos es que la gran mayoría de las cosas que nos preocupamos nos importante al día siguiente. Un año más tarde usted no ba ni recordar lo que paso.

Como une mayor, no se preocupa de las notas que adquirio en la secundaria o en la universidad. No es aún preocupante los juegos que has perdido cuando estabas en las pequeñas ligas.

No te preocupes sobre lo que otros pensaban acerca de usted. La mayoría de las cosas que uno se preocupa, van a haber que no so son ni serán importantes. La vida continuará pase lo que pase. Por favor aprendan a disfrutar cada día y tratar de disfrutarlo como si fuera el último. Me ha costado mucho entender esto, y me hubiera gustado entenderlo antes.

La felicidad no es un destino sino un viaje. Nunca serás lo suficientemente inteligente o lo suficientemente rico. Sea lo que sea que desee, siempre hay algo mejor.

Disfruten el viaje de aprender, trabajar y vivir. Si te gusta el viaje, probablemente a conseguido mucho más que los objectivos que querían obtener. Si deciden lo que quieren ser "exito", les puedo dar la fórmula para el éxito.

Hay solamente tres cosas que tienen que hacer:

En primer lugar, decidir exactamente lo que quieren.

En segundo lugar, determinar el precio que tendrá que pagar.

Tercero y esto es la parte más difícil e importante, pagar el precio.

Cosas materiales no los hacen feliz, pero los recuerdos siempre permanecerán con ustedes. Lo que ustedes compren, pronto te casaren de eso artículos. Te hará feliz por un tiempo corto, pero no te harán feliz para siempre.

Incluso no puedo recordar la mayoría de los juguetes que he tenido en mi vida, pero todavía pienso en mis tiempos con tu madre, mis hermanos y sus abuelos. Entonces la vida estaba llena de felicidad. Recuerdo caminando con su madre a la escuela y lo feliz eramos. También recuerdo abrazando a su abuela cuando lleguaba de la escuela. Esos recuerdos nunca desaparecerán.

Su familia es lo más importante que tienes en la vida. Amigos, novios, amigas y compañeros de trabajo van y vienen, pero es de lo único que usted puede contar siempre con su familia. Si encuentran amigos que siempre están utedes, son muy afortunados.

Rebustino, un día, tiendras tu propia familia. Ray, tiene la suya, ustedes deben amarlos y cuidarlos. En el futuro, se darán cuenta de los que les estoy explicando.

Su abuela y su padre muriieron, su madre va a morir tambien. Sean buenos hijos y todo le saltra bien.

Tus padres no eran perfectos, pero ustedes pueden ser amoroso y bueno con su familia. Nunca dejen de aprender. Lo único que van a recuerdar son cosas importantes. Nadie les puede enseñar todo lo que necesitan saber.

Recuerden de mantenerse siempre curiosos, y le sorprenderá que mucho pueden aprender. Te diré algo que cuando se habla de la inteligencia, lo que generalmente significa es curiosidad. Todos los grandes descubrimientos empiezan con una pregunta. Los niños nacen curiosos, Nunca deje de hacer preguntas.

Ray y Rebustino, nunca seran demasiado viejo para aprender. Quiero que me prometan que van a vivir la vida de ustedes no la de otras personas. Hagan lo que les haga feliz.

En este momento, quiero darle las gracias por dejarme ser parte de sus vidas. Ambos me dieron la oportunidad no sólo su tía, sino su segunda madre. A veces me río de las cosas que hicimos juntos. Siempre esperaba cada uno de sus cumpleaños. Me encantaba vestime de payasa y jugar con ustedes y sus amigos.

Recuerdo claramente esos días de verano en Massapequa. Nos íbamos muy temprano a la piscina. Ustedes estaban tomando clases de natación. Quedé muy impresionada cuando dentro de pocos días ambos aprendieron a nadar.

Hubo otras ocasiones graciosas que recuerdo claramente. Rebustino y yo fuimos a ver un montón de películas. Después de cada espectáculo, íbamos a un restaurante. Rebustino era un perfecto caballero. Mientras comíamos, charlamos sobre la película.

Fuimos a ver el Titanic, la máscara y el Picapiedra sólo para nombrar unos pocos. Realmente disfruté de cada momento pasé con ustedes dos. A veces tus padres saliían y me quedaba cuidándolos. Jugamos con su Nintendo, y yatzee. Espero que aún recuerden aquellos tiempos felices, ya que nunca los olvidaré...

Capítulo 25

Mi Familia

En una tarde de verano des pues de una tormenta, en Brooklyn, Adelin y yo, íbamos caminando hacia el parque. Uno podía sentir el aire caliente. Era como si el aire llevaba algún olor polvoroso como consecuencia de las lluvias anteriores. Me gusta la lluvia, pero no cuando es tiempo para ir al parque.

Cuando la lluvia se detuvo, Adelin y yo tuvimos la oportunidad de caminar hasta el parque. Vimos a que mi mamá estaba mirando por la ventana. Su atención fue hacia el auto de mi padre. Había gente sentada ahí y el auto era su banco principal.

Ella se preguntaba porque esas personas estaban allí. Mi madre volvió a sus que haceres de la casa, pero salía de vez en cuando a mirar el auto.

Antes de que ella pudiera volver a su limpieza, algo le vino a su mente. Mi madre podía oír esas palabras tan fuertes como su padre les había dicho.

"Mis hijos, tomen la educación en serio y tendrán un futuro brillante". Mi mamá cerró sus ojos y afirmó con la cabeza. Mis padres estaban orgullosos de sus cuatro hijos porque todos eramos estudiantes bueno. Tambien nos gustaban los deportes. Por esta razón nos dejaron ir al parque para práctular el "vollyball".

Mis hermanos, Juan y Julio estaban castigados. Ellos son más jóvenes que nosotras y no les gustaba estudiar. Ellos tenían unos examenes muy importante en un mes. No se les permitían salir de la casa... Cada día se asercaba el dia del examen. Juan estudiaba más que Julio.

Cuando llego el dia de los exámenes, mis nos hermanos estaban listo. Ello, con la ayuda de mi padre, hizo muy bien. Mi padre estaba bien contento porque Juan, fue admitido a "Art and Design".

Julio también paso sus pruebas y fue aceptado en "Brooklyn Tech".

Julio quería irse al ejército. Una tarde cuando salio de la escuela, fue a ver un reclutador. Tomo el examen para las fuerzas armadas. Paso con un promedio bien alto. El recrutador lo envio para el "Air Force". Alli, Julio cumplio ocho anos de servicio.

Cuando termino su tiempo en el servicio regreso a cas y se fue a trabajar en el correo....

Lamentablemente, Julio murioe el 1998. Tenía cancer en los purmones. El nunca se caso, pero tuvo un hijo.

Juan tambien termino sus clase en "Art and Design" pero ingreso a la Policia de Nueva York. Juan se retiro como detective. Ahora esta haciendo lo que siempre quería, ser un gran pintor. Ha tenido mucho exito con sus pinturas. Se caso, tiene una hija y tres nietos.

Julio Manuel Pagan Morales
mayo 22 del 1954 - septiembre 19 del1998

Recuerdos del ayer.

En memoria de mi hermano Julio M. Pagan
Cuando miro por la ventana...
En este día de verano,
Mi mente lleva a veranos del pasado.
Días cuando éramos jóvenes.
Parece que sólo fue ayer...
Me da mucha pena.
Echo de menos la libertad de nuestra juventud.
Echo de menos caminatas

a Dairy Queen por Court Street
Pasó la iglesia de Santa María...
Simple conversación, risas
y compartir entre hermanos y hermanas.
Éramos un equipo... Años nos han cambiado
y nuestras vidas fueron en diferentes direcciones...
A veces se mueven más cerca
y otras veces se separan...
Nunca pensé que le iba echar de menos los tiempos que
Hemos compartido. Pensando en que nuestras vidas
Se entrelazan siempre.

Capítulo 26

El impacto Emocional

<u>Vicente Pagan Rodriguez</u>

<u>Mi tio querido</u>

<u>9 noviembre 1948 - 27 febrero 2015</u>
<u>Fue sobreviviente de cancer por 15 anos.</u>

<u>Liduvina Perez de Pagan</u>
<u>Tia politica</u>
<u>Fue sobreviviente de cáncer por unos cuantos anos.</u>
<u>Fallecio mayo 7, 2016</u>

La primera reacción de Vicente cuando el medico le informo que tenia cáncer no fue fácil...

El nos contó acerca de su visita al médico. Vicente comenzó su historia:

"hay un temor que va a través de uno cuando le dicen que tiene cáncer. Es tan difícil al principio pensar en otra cosa que no sea su enfermedad. Es lo primero que piensas cada mañana.

Quiero que las personas que viven con cáncer sepan conseguir mejor para ellos. Hablar sobre ellos les ayuda a libiar con todas las nuevas emociones que sientes. Tienen que seguir las órdenes de su médico. Recuerden, es normal que se enojen."

Liduvina tambien estaba pasando la misma situacion que mi tio Vicente. Cuando a ella le dijeron qe tenia cáncer, Liduvina penso que ya todo ha terminado.

Esto fue hace unos diez años. Empezó a pensar acerca de su familia. La parte triste fue que ella sólo se concentró en cómo su familia iba a tomarlo. Ella no pensó dos veces cuidar de su madre enferma. A veces no iba sus citas por estar con su mamá.

Su madre murió en April del 2014....

Liduvina y Vicente siempre estaban hablando de esta maldita enfermedad. ¿Saben una cosa? Nos unieron los dos siempre os estabamos comunicando.

Lo malo de cáncer es que afecta no sólo al paciente, sino también a su familia. Usted puede sentir miedo, incierta o enojado acerca de los cambios no deseados cáncer traerá a tu vida. A veces se puede sentir entumecimiento o confundido.

También pueden tener problemas para escuchar o recordar lo que dice durante este tiempo la gente. Esto es especialmente cierto cuando su médico primero te dice que tienes cáncer. No es raro que alguien cierre mentalmente una vez que escuchan la palabra "cáncer".

No hay nada justo sobre el cáncer y nadie se lo merece. Un diagnóstico de cáncer es difícil de aceptar y tener cáncer no es fácil. Cuando encuentre que usted tiene cáncer, sus creencias personales y experiencias ayudará a averiguar lo que significa y cómo se manejará.

Como enfrentas tu propia mortalidad y cope con muchas exigencias de cáncer, usted puede mirar más de cerca sus creencias religiosas, sus valores personales y familiares, y lo que es más importante en tu vida. Aceptar el diagnóstico y averiguar qué cáncer significará en tu vida es un reto.

Después de que se diagnostican con esta horrible enfermedad, se pueden sentir choque, incredulidad, miedo, ansiedad, culpa, tristeza, pena, depresión, ira y más. Cada persona puede tener algunos o todos estos sentimientos, y cada uno manejan de forma diferente.

Su primera reacción puede ser chocante. Nadie está siempre listo para oír que tienen cáncer. Es normal que las personas con cáncer a preguntarse por qué sucedió a ellos o a pensar que la vida les ha tratado injustamente. No incluso creáis la diagnosis, especialmente si no se siente enfermo.

Uno puede sentir miedo. Algunas personas temen cáncer en sí, mientras que otros pueden tener miedos de los tratamientos de cáncer. Incluso se preguntan cómo conseguirá a través de los tratamientos.

Sabes lo que es tan extraño; Liduvina declaró que ella estaba sintiendose culpable. Ella preguntó muchas veces si ella podría haber notado sus síntomas anteriores, o pregunta qué pudo haber causado el cáncer. Ella siempre se preguntaba si es expuesta a algo en su casa que llevaron al cáncer. A veces preocupa que otros miembros de su familia tendran cáncer.

En este momento, no sabemos qué causa la mayoría de los cánceres, pero algunos son conocidos por ser hereditario. Esto significa que se pasa de un padre a un niño.

Si un miembro de la familia lo tiene, otros en la familia a lo mejor tienen un mayor riesgo de conseguirlo. Esto puede causar aún más problemas para la persona recién diagnosticada con esa enfermedad mortal.

Liduvina y Vicente se sentían desesperados y muy triste la mayoría del tiempo. Ellos acostumbraban a decirme lo que le sucedía. No era fácil oírlos sin solta una lágrima.

Ellos me dijeron que es difícil sentirse positivo y optimista, sobre todo si el futuro es inseguro. Sólo pensar en el tratamiento y el tiempo de su vida puede parecer demasiado para manejar. Sentimientos de tristeza o incertidumbre pueden empeorar por sus experiencias pasadas con el cáncer.

A veces estaban muy negativos. No querían hablar con nadie. Liduvina me dijo en una ocasión, que ella podía ver y sentir su cuerpo cambiando. Estaba intentando hacer a todos felices. Tomó algún tiempo para tomar conciencia de las pérdidas y cambios. La ayudó a compartir su dolor con nosotros. Siempre había alguien cerca de ella. A veces estaba dispuesta a hablar y confiar con sus profesionales de salud mental.

Sus sentimientos la atención necesitan, al igual que su cuerpo necesita tención. Liduvina era una señora muy sabia. Ella siempre nos contaba cómo era día a día.

Ella mantuvo con más consejos y su sentimiento... Ella me dijo que de vez en cuando uno puede sentir enojado mientras que otra gente exterior no puede expresar su enojo y frustración.

También dijeron que era difícil dejar a gente saber que ellos no estaban enojados con nadie. Ellos sólo necesitaban a alguien que los escucharan.

Capítulo 27

Mi Mejor Amigo

¿A quién consideras tu mejor amigo? Es muy sencillo. Un mejor amigo es el que te llama y se asegura de que todo está bien.

Cuando estaba trabajando y en perfecta salud, tuve muchos amigos. No tenía ningún problema guiando en la nieve, lluvia, ni de noche.

Ahora, no puedo hacer favores, conducir a nadie. Tengo problemas con mi visión y solo conduzco por la mañana y distancias cortas.

En algunas ocasiones, comienzo a conducir y tengo que regresar a mi casa. El sol es muy brillante o el cielo esta muy obcuro. Mi condición es muy mala. Mi doctor me dijo que debo comenzar a hacer planes para el futuro.

Nunca me doy por vencida. Fui a ver a mi optometra y recibi gotas de nuevo. Veo mucho mejor estos últimos días. Yo no iba para otra operación de ojo.

Durante esos días malos, es cuando sabes quienes son tus verdaderos amigos.

Bueno, ahora que estoy jubilada y solo puedo decir que tengo un amigo que está siempre ahí para mí. Su nombre es Paul Chique.

Nos conocemos hace más de quince años. Paul me llama todas las mañanas para asegurarse de que voy al gimnasio o lista para hacer mis tareas. Él vive muy lejos de mí.

En la actualidad, Paul cuida a su madre. Ella no esta bien. Estoy ahí si ella me necesita, pero no puedo ir a su lado todo el tiempo. Yo también estoy cuidando de mi padre. Por lo tanto, Paul y yo tenemos nuestras manos atadas.

Te diré por qué me encanta la compañía de Paul. Ambos tenemos el mismo interés por la música, arte y cine.

A veces vamos a la playa y comienza a dibujar algo. Acabo de mirarlo y empezar a escribir. Es tan divertido porque a veces escribí sobre el mismo tema y comenzamos a reírnos. En cuanto a la cocina, que es el mejor. Sólo le digo que venga y nos inventamos algo.

Mi tío Kike está en el hospital. Kike fue el que yo llamo cuando necesitaba un chofer. Él estaba siempre allí para mí. Me siento tan mal porque no puedo ayudarlo. Ha estado lloviendo durante casi tres días; por lo tanto, no puedo conducir...

En una mañana particular, cuando necesitaba ayuda, Paul vino a mi casa. Me ayudó con mi trabajo de la casa. Preparo el desayuno a mi papá mientras yo alimentaba a los perros. Llevamos mi auto para inspección y fuimos a visitar a mi tío en el hospital.

Paul siempre hace mi día. Cuando estoy triste, él comenza a cantar. Sólo me río porque a veces suena horrible... A veces Paul me visita con su madre y tenemos una barbacoa.

Sabes hoy que tomamos una prueba de IQ. ¡¡¡Ambos anotamos 160!!! Somos inteligentes porque tenemos cosas que la gente normal tiene problemas haciendo. Todo el mundo nos sigue diciendo que deberíamos casarnos. Mi respuesta es siempre no. El minuto que dos personas se casa y empiezan a vivir juntos, la diversión se termina.

No hay momento aburrido cuando estamos juntos. Sé que, si nos que, si nos casamos, dejamos de ser los mejores amigos.

Paul sabe que estoy aquí para él y sé que él está siempre allí para mí. Gracias por ser mi mejor amigo.

Capítulo 28

Vida después de la Jubilación

¿Qué es la jubilación?

A una cierta edad, un trabajador deja completamente de trabajar.

Tienes que facturar y llevar la contabilidad de tu negocio usando debitoor. Es simple y muy intuitivo. Tienes que comienzar ahora.

La jubilación es la acción por la que una persona trabajadora activamente, tanto por cuenta propia como por cuenta ajena, pasa a ser inactivo laboralmente. Esto quiere decir, que dejas de trabajar al darse una serie de razones, como edad, problema físico, etc.

Esta interrupción definitiva de trabajo implica directamente la no obtención de sus ingresos mensuales; por eso, cuando una persona se jubila recibe mensualmente un dinero por vida.

Durante su vida laboral, un trabajador cotiza el seguro social y pension.

Tipos de jubilación

- Contributiva: Se produce cuando el trabajador a aportado parte de su sueldo a esta causa; esta aportación la realiza durante toda su vida laboral

- No contributiva: La persona no ha trabajado o no ha cotizado el número de años mínimo al seguro social.

Los años mínimos de cotización son quince años, además, dos de esos quince años han de estar comprendidos en los quince años anteriores a la jubilación.

Para muchas personas, la clave para una feliz y cumplir cumplir con sus deveres es simple. Para otros, mantenerse ocupado es muy dificil. Por desgracia, al planear su jubilación, no es fácil.

Algunos amigos de pienzan sólo en las finanzas y no pienzan o planifican, cómo pasar su tiempo.

Empecé a planificar mi jubilación muy temprano en mi vida. Algunos de mis amigos me decían ¿por qué preocuparme por las actividades de retiro tan temprano, cuando me falta mucho para el retiro. Simplemente me sonreía.

En mi opinión, quería contar en el desarrollo de mid nuevos intereses e involucrarme en algo constructivo después de los 65 años. Me alegro de que lo hice porque si no, hubiera sido un desastre y habría sido una anciana deprimida...

Ahora estoy en un gimnacio. Tengo un entrenador personal porque realmente estaba sobre peso y totalmente fuera de forma. Mis instructores, Christian Quiles y Adys Delgado me ayudaron mucho.

¿Bien, adivinen qué? Tengo un montón de amigos en el gimnasio. Sí hay mucho más que la aptitud en un centro de gimnasio. Es como centro social de la comunidad. Es un ambiente divertido y relajante.

En estos momentos estoy bien feliz. He rebajado muchas libre. No tengo ninguna enfermeda.

Solo puedo decir que si, ahí vida después del retiro.

Glosario

Abacoa- El nombre borinqueño del río Grande de Arecibo. Conservado en palabras en el Informe dado al Rey en 1582, por el Bachiller Santa Clara y el Pbro. Juan Ponce de León, nieto del Conquistador.

Abey Arbusto- también llamado "Abey macho", Jacaranda poitaei.

Abita Río de la República Dominicana- tributario del Ozama; también llamado "Sabita".

Abuje Artrópodo que pica y provoca comezón. En las cercanías de Holguín, Cuba, según Pichardo, se le llama "babuje". Gundlach indica que es un artrópodo de ocho patas. En Puerto Rico se le llama "abuse".

Abá Arbusto, de la Isla de la Juventud, Isla de Pinos.

Acana El nombre acana ha sobrevivido en Santo Domingo, pero aplicado a un árbol silvestre maderable, el "balatá", Manilkara bidentata.

[Ver Açuba] En Puerto Rico se conoce como "jácana" o "hácana" a la Lucuma multiflora.

Acanorex Cacique- haitiano, encomendado a Pedro de Murcia en el Repartimiento de indios de 1514.

Achiote- El origen es mejicano, achiohtle. [Ver Bija]

Adamanay La islilla Saona- esta frente a la costa suroriental de La Española.

Agabáma- Río de Cuba: se llama también Manatí.

Aguacate- Palabra mexicana, derivada de ahuacatl. Árbol frutal, Persea gratissima.

Aguají -Pez en Cuba.

Agüeybana- El nombre del cacique principal de Boriquén, cuando visitó la isla Juan Ponce de León en 1508. Nombre también de otro cacique, que en 1514 se encomendó a "las haciendas e minas e grangerías del Rey", en Santo Domingo, y se llamaba Francisco de Agüeybana.

Aje - Es la batata o boniato,

Alcatraz- El pelícano,

Amanex- Cacique de Haití, encomendado al Bachiller Alonso de Parada, en el Repartimiento de indios de La Española, en 1514.

Amina- Río dominicano, afluente izquierdo del Yaque del Norte. Las Casas escribió «Agmina, la media breve».

Amoná-La islilla Mona, que tan poblada estaba de indígenas en la época del Descubrimiento.

Anacahuita, anacagüita- El nombre de origen es mexicano, anat-cahuitl, de un árbol (Sterculia apetala).

Anacaona- Célebre cacica haytiana, hermana del cacique Bojekio y mujer del cacique Caonabó.

Anaiboa- El almidón sacado de la yuca.

Anamuya- Río de la República Dominicana, en la provincia La Altagracia y que desemboca en el Océano Atlántico.

Anamá Río de la República Dominicana, tributario del Soco. También una de las Islas Turcas.

Anamú- Planta silvestre, Petiveria alliacea.

Ananas- La piña (Ananas comosus). La palabra es del Brasil, generalizada por los portugueses. [Ver Yayama].

Anibón- Lugar en los campos de Morovis, Puerto Rico.

Aniguamar- Según Oviedo (libro VII, cap. IV) los indios llamaban así a una variedad de batatas, que tenían por la mejor.

Aniguayaqua- Las Casas escriben "Haniguayagua", y la describe junto al Baoruco, en La Española.

Anón- Fruta del árbol del mismo nombre (Annona squamosa). Oviedo escribe "banón"; Las Casas, anona.

Arabo- Árbol silvestre de las Antillas Mayores y las Bahamas, conocido en el país más con el nombre de "papelillo" (Erythroxylon areolatum).

Aramaná- Cacique borinqueño, encomendado, en 1510, a las granjerias de S. A. en el Toa.

Aramoca- Cacique haitiano, encomendado a Diego de Vergara, en 1514, en el Repartimiento de La_Española.

Areyto- Canción romancesca, acompañada del baile.

Ariguanabo- Laguna al norte de San Antonio de los Baños, en Cuba.

Arijua- Extranjero.

Arimao- Río que riega las vegas de Manicaragua, en Cuba.

Arique Cordel- hecho de una tira de yagua, utilizado para atar pequeños bultos.

Asuba- [Ver açuba], azuba.

Atabex Las Casas (t. V, p. 434) dice: "La gente de la Isla Española... mezclaron estos errores, de que Dios tenia madre, cuyo nombre era Atabex y un hermano suyo Guaca."

Athebeanequen-, llamaban así los haitianos, a la india que viva, se enterraba con el cadáver del cacique.

Atibuineix- una variedad de batata.

Ausuba- La fruta del ausubo.

Ausubo- Ver açuba, azuba. También se le da ese nombre a la Pimenta racemosa (Ver ausúa, auzúa).

Auyén, auyey- Planta trepadora de la América tropical (Pachyrrhizus crosus).

Ayaguatex- Cacique haitiano, encomendado en 1514 al licenciado Becerra.

Ayamuynuex- Cacique haitiano, encomendado en 1514 a don Fernando de la Vega, Comendador Mayor de Castilla.

Ayfia - Árbol del género Zanthoxylum.

Aymaco- Lugar de Boriquén, el poblejo o yucayeque del cacique Aymamón, donde asentó sus reales Juan Ponce de León, después de ganada la batalia a los boriqueños, en 1511.

Aymamón- era un cacique de Boriquén.

Ayraguay- Cacique haitiano, encomendado a Conchillos en el Repartimiento de La Española del 1514.

Azua, Açua- Ciudad de la República Dominicana.

Baba -Padre

Bacbey- Vegetal de Cuba (Pichardo).

Bacupey- Lugar de los campos de Arecibo, en Puerto Rico.

Bacuí Río de la República Dominicana, tributario del Camú.

Bahomamey -Barrio de San Sebastián, en Puerto Rico.

Bahoruco- Gran cadena de elevadisimas montañas, que recorre parte del territorio de Jaragua, en La Española.

Bainoa- Lugar del cacicazgo de Marién, en la República Dominicana.

Bairoa- Río tributario del Loiza, en Puerto Rico.

Baitiquiri- Nombre que daban los indios al cabo de la isla de Cuba, que Colón llamó Alfa y hoy se denomina Punta Maisí.

Bajaraque- El bohío que tenía mucha extensión.

Bajari Palabra de distinción entre los indoantillanos.

Banao- Sierra en Santa Clara, Cuba.

Banes- Puerto de Cuba, visitado por Colón en su primer viaje. Corrupción de Baní.

Banique- Lugar en La Española.

Baní Valle que se extiende desde el Nizao hasta Ocoa, en la República Dominicana. Según carta de Velazquez (1514), una provincia de Cuba en_tiempos de la conquista.

Bao- Río tributario del Yaque del Norte, en la República Dominicana.

Baracoa- Puerto de Cuba. Gomara anota Barucoa.

Baracutey- Ave, animal o persona sin compañero, equivalente a solitario.

Barahona -Puerto en la costa Sur de Santo Domingo. Nombre de una cacica haytiana, encomendada a Conchillos, en el Repartimiento de 1514.

Baramaya- al Sur de Puerto Rico.

Baraxagua -Cacicazgo cubano

Barbacoa- Piso alto de tablas de palma real, para guardar frutos, granos, etc.; servía también de camastro.

Baría- Árbol de las Antillas (Calophyllum calaba), llamado también "mara", "maría".

Batabanú- Hoy Batabanó, punto de Cuba.

Batata- raices que llamaron los indios ajes o batatas." Y llama yucaba la planta que produce la batata.

Batea- Algunos escritores cometen el error de suponer esta voz de origen indoantillano.

Batey- El espacio cuadrilongo delante de la casa del cacique, destinado a plaza por los indios para jugar la pelota y para sus asambleas.

Batú- La pelota

Bayabé- Cordel más grueso que la cabuya. En Cuba bayabí.

Bayacú- El lucero de la mañana.

Bayajá- Bahía y monte de Haití.

Bayamo- Cacicazgo cubano, según Velázquez (1514): hoy ciudad de Cuba.

Bayamón- Pueblo y río de Puerto Rico.

Bayaney- Lugar en los campos de Hatillo, en Puerto Rico.

Bayatiquiri -Véase Baitiquiri.

Baybama- Véase Buyaybá.

Bayoya- Lagarto de costa.

Behechio- Uno de los cinco caciques principales de Haití.

Behique-Véase Bohique.

Bejuco- Variedad de lianas llevan este nombre.

Bemini- Véase Bimini.

Bi- Principio, vida, pequeño.

Biaiaca- Pez.

Biajama erranía situada al E. de Neiba, en la República Dominicana.

Biajaní- La paloma torcaz.

Biajilba- Pez de Cuba (Pichardo).

Biautex- Cacique haitiano

Bibi- Madre. Barrio y río de Utuado, en Puerto Rico.

Bibijagua- Una especie de hormiga.

Bieque- La pequeña isla de Vieques, al E. de Puerto Rico. De Bi, pequeño y que por ke, tierra.

Bija- Árbol (Bixa orellana). De las semillas, producían un tinte rojo usado para pintarse el cuerpo.

Bijagua- Árbol silvestre de Cuba.

Bijao- Planta herbácea grande que utilizaban los indígenas para techar sus bohíos. Ahora se le conoce como "plátano cimarrón" (Heliconia bihai) y es común como ornamental.

Bijirita- Variedad de avecillas de Cuba y La Española.

Bimini- La isla que hoy figura en el Archipiélago antillano con el nombre de Bemini.

Biáfara -Corrupción de Biaiara, pequeño lugar de los campos de Arecibo, en Puerto Rico.

Bo- Como radical indoantillano equivale, a veces, a grande; otras dan la idea de señor.

Bohique- El augur curandero indoantillano.

Boma- Río de Cuba, examinado por Colón en su primer viaje.

Bonasi- Pez de Cuba.

Boniama- Una variedad de piña.

Boniata La yuca dulce, según Oviedo. Las Casas no la mencionan. Fue importada de Tierra Firme a Haití, en el periodo colombino.

Boricua- Letronne, en su Geografía universal (1844) y Pastrana, en su Catecismo geográfico de Puerto Rico (1852) llaman a nuestra isla así. El error procede de que antiguamente solían escribir cu por qu, y de este modo es fácil anotar Boricue y luego Boricua.

Boriquén- Nombre indígena de la isla de Puerto Rico - significa tierras del valiente señor.

Bosiba- Piedra grande.

Botio- Valle situado en las montañas de Samaná.

Boyuca- Según Gomara, isla a la que se dirigió Juan Ponce de León después que dejó la gobernación de Puerto Rico, buscando la fuente que tornaba mozos a los viejos.

Boyucar- Cacicazgo de Cuba, cuando la conquista, según carta del conquistador Velázquez, en 1514.

Boyá- Lugar de la República Dominicana, en el cacicazgo de Higüey.

Buaynara Véase Buba.

Buba- El cronista de Sevilla, don José Velázquez y Sánchez, en sus Anales epidémicos, impresos y publicados en 1866, asegura erróneamente que la_voz buba, por sífilis, es americano. El vocablo es español: viene de "bubón" y ésta del griego bubón. Véase Yaya.

Bucana- Barrio y río de Ponce, Puerto Rico.

Bucarabón- Barrios de Maricao y Las Marias, en Puerto Rico. Hoy escriben Bucarabones.

Buitio- Véase Bohique.

Buruquena- Cangrejo pequeño de orillas de rios y quebradas. Debe escribirse burukena.

Burén- Especie de hornillo de barro cocido para preparar el casabe.

Buticaco- Ojos zarcos (de color azul claro).

Buyaybá -Pueblo haitiano, que tenía un zemí célebre, llamado Zemí de Buyaybi, por otro nombre Baybama.

Bía- Vía Río de Azua, República Dominicana.

Cabacú- Hacienda en Cuba.

Cabirma- Árbol (Guarea guidonia), llamado también Cabirma santa.

Cabuya- Cordel o soga delgada, hecha de majagua o cabuya.

Cacao- El vocablo es de origen mexicano, de cacauti.

Cacey- Río tributario del de Añasco, Puerto Rico.

Cacique- rey Guacanagari, que los indios llaman Cacique

Caguabo- Lugar de Añasco, Puerto Rico.

Caguairin- Árbol de Cuba (Hymenaca floribunda)

Caguama- Una especie de tortuga marina

Caguana Río tributario del Grande de Arecibo; y barrio de Utuado, en Puerto Rico.

Caguani-- Lago del territorio de Jaragua, en La Española, hoy Lago Enriquillo.

Caguasa, caguaza Fruta

Caguayo- Lagartija.

Caimito- Árbol frutal

Caimán- El cocodrilo

Camin- (en Haití) un muy hermoso río, el cual se liamaba, por las lenguas de los indios, camin, aguda la última sílaba."

Canareo- Lugar cubano.

Caney- la casa grande de los señores y caciques.

Caniaco- Barrio de Utuado, en Puerto Rico.

Canoa- Embarcación hecha ahuecando el tronco de un árbol

Canóbana- Nombre de un cacique boriqueño, encomendado a Miguel Diaz en 1510. Hoy se conserva el nombre en una region y un río de Puerto Rico, que corre por Loíza.

Cao- Un tipo de cuervo.

Caoba- Árbol.

Caobana- El cedro.

Caona- El oro

Caonabó- Cacique soberano de Maguana, en La Española.

Caonao- Río de Cuba. Arroyo afluente del río Bajabonico, en la provincia Puerto Plata, República Dominicana.

Caoniya- Barrio de Utuado, en Puerto Rico. Se escribe por error, Caonilla. También es barrio de Aybonito y Juana Diaz.

Caoyuco- río de Puerto Rico, en cuya desembocadura dieron los españoles la primera batalla a los boriqueños, en 1511.

Caparra- Nombre de la primera población de españoles, año de 1508, en Puerto Rico.

Capá- Árbol. Corrupción de caba.

Caracuri- La joya para las narices, según Vargas (Milicia indiana).

Caraira -Ave de rapiña de Cuba, casi del tamaño del aura tiñosa (Pichardo).

Carey- Especie de tortuga marina (Eretmochelys imbricata).

Careybano- un puerto y una población indígena en La Española, junto a la provincia de Xaragua.

Caribata-Región del cacicazgo de Marien, en Haití.

Caribe-Este nombre de caribe no quiere decir sino bravo u osado o esforzado."

Caricaboa- Barrio de Utuado, en Puerto Rico.

Casabe- El pan indoantillano hecho de la harina de la yuca amarga.

Casey- Barrio de Añasco, en Puerto Rico.

Catey- La especie de papagayo llamado periquito. Una palmera de La Española

Catibia- La yuca rallada y prensada, una vez exprimido el jugo o naiboa.

Cauyo - río de Puerto Rico, junto al cual dieron muerte los indios alzados a don Cristóbal de Sotomayor. Hoy es Yauco por trasposición de letras.

Caya- Árbol (Mastichodendron foetidissimum), más comúnmente llamada "caya amarilla".

Cayabo- Barrio de Juana Díaz, en Puerto Rico; por error Callabo.

Cayacoa- Cacique soberano del Higüey. A su muerte casó la cacica con el español Miguel Diaz, después de bautizada con el nombre de Doña Inés.

Cayaguayo- Según el conquistador Velázquez (1514), una región de Cuba.

Cayajabo- El mate colorado (Canavalia nitida).

Cayama -Ave zancuda de Cuba.

Cayaqua- Río tributario del Loíza, en Puerto Rico: corre por Hato Grande.

Cayo- Véase Cáicu.

Cayuco- Embarcación pequeña, larga y estrecha, sin popa, ni quilla. Juan Ignacio de Armas, en sus Orígenes del lenguaje criollo, Habana, 1882, página 85, opina, que es un vocablo derivado de cayo.

Ceiba -Árbol (Ceiba pentandra). Las Casas escribe Ceyba.

Cemí Véase Zemí.

Ciba- Piedra.

Cibuco- Río de Vega Baja, en Puerto Rico.

Ciguay - El aduar principal de los ciguayos.

Ciguayo- Nombre de una tribu numerosa en La Española, que ocupaba un territorio de más de 30 leguas, porque Ilegaba hasta las sierras de Macao por tierra adentro y por la parte del mar hasta el Higüey. Nombre de un cacique haitiano.

Coa- Palo endurecido al fuego, de que se servian los indígenas para cavar la tierra y sembrar la yuca y las batatas. El vocablo lo usaba el indoantillano, como prefijo y sufijo, significando lugar, sitio.

Coalibina- El actual río Culebrinas de Aguada, en Puerto Rico.

Coamo Pueblo y río de Puerto Rico. Algunos han escrito Cuamo. Es corrupción de Coama, sitio o lugar llano, extenso.

Cobo- Caracol del mar, lambí (Strombus gigas).

Coco- El Cocos nucifera no existia en el Archipiélago antillano en la época del Descubrimiento. Existia en el continente americano, del lado del Pacifico, y rnuy escasamente.

Cocuyo Insecto, especie de luciérnaga. Dice Las Casas: "Hay en ella (La Española) unos gusanos o avecitas nocturnas, que los indios llamaban cocuyos."

Cohoba- Polvos alucinógenos y la ceremonia religiosa de tomarlos y embriagarse con ellos.

Coki- Una especie de rana (Eleutherodactylus) en Puerto Rico; cuyo grito nocturno es coquí, coquí.

Conconi- Insecto de Manzanillo, Cuba (Pichardo).

Conuco- "Se llama conuco la heredad de la yuca o de la labranza.

Copey- Véase Cupey.

Corasi- Una especie de mosquito.

Cori- Pequeño roedor

Corigüex- río al poniente de Puerto Rico, cerca del río Mayagüex. Luego, se le llamó río del Rosario.

Corohai- Lugar del cacicazgo de Maguana, en La Española.

Corojo -Una especie de palmera

Cosuba- Lo que cubre al grano de maiz.

Cotubanamá- Cacique de Higüey, en La Española.

Cotui- Población del cacicazgo de Magua, en La Española. Las Casas anota: Cotuy.

Cotuy- Barrio de San Germán, en Puerto Rico.

Cuaba- Árbol de Cuba (Amyris sylvatica). En la República Dominicana, comarca de Neiba y otro nombre del pino (Pinus occidentalis).

Cuamo- Véase Coamo.

Cuayo- Río de la República Dominicana, tributario del Haina.

Cuayá- Río de la República Dominicana, tributario del Camú.

Cuba- Nombre de la mayor de las islas del Archipiélago antillano.

Cubanacin - Región central de Cuba.

Cubao- Población del cacicazgo de Magua, en La Española.

Cubui- Barrio de Loíza, en Puerto Rico.

Cucubano- Viene a ser el cocuyo.

Cueyba- Región de Cuba

Cuisa -La paleta o tablilla para volver las tortas del casabi, cuando se están cociendo al fuego sobre el burén.

Cupey- Árbol

Curazao- Una de las islas del Archipiélago antillano.

Curia- Hierba medicinal (Justicia pectoralis), llamada también "yerba carpintera".

Curujey- Planta parásito.

Curí -Véase Cori.

Cuácara- Comarca de La Vega, República Dominicana

Cáicu Arrecife- islote, isla, tierra. Por derivación, caiu, cayu, cayo.

Daca- Yo. Dagame- Árbol de Cuba (Pichardo).

Daguao- Barrio de la Ceiba, en Puerto Rico.

Dagüey- Barrio de Añasco, en Puerto Rico.

Daiabón- Lugar del cacicazgo de Marien, en La Española. Las Casas y Oviedo escriben dahabon.

Dajao - Pez de río

Damuji- Río de Santa Clara, que desemboca en el puerto de Cienfuegos, Cuba.

Datijao- corrupción de guaitiao, amigo.

Dayquiri- Lugar minero de Santiago de Cuba.

Demajagua- Barrio de Fajardo, en Puerto Rico.

Desecheo- Islote al 0. De Puerto Rico.

Diacanán- Hablando de las variedades de la yuca

Diahutia- Véase Yautía.

Diaiaca- Pez de agua dulce.

Dicayagua -Dice Las Casas (t. v. pág. 280): "Hase cogido también oro en otro arroyo, que está adelante del Cybú, que se llama Dicayagua."

Diley- Río de Yauco y barrio de San Germán, en Puerto Rico.

Dita- No es una palabra indoantillana. Se aplica en Puerto Rico al vaso hecho de media jigüera limpia; y se destina a varios usos.

Diumba- Según los escritores dominicanos Guridi y Pérez, la danza de los quisqueyanos.

Donguey- Planta trepadora.

Dujo- Asiento simbólico de piedra o madera

Gua- Una raiz indoantillana.

Guaba- Río que corre por el Cibao, República Dominicana. Árbol (Inga vera), ahora llamado «guama» en la República Dominicana.

Guababo- Cacique haitiano.

Guabairo- Aves del género Caprimulgus; en la República Dominicana, el Don Juan y el Pitanguá.

Guabanisex- Zemí de piedra, haitiano; según fray Román Pané, creían los indígenas que podía provocar huracanes.

Guabasa- Ver Guayaba.

Guabate -Barrio y río que corre por Cayey, tributario del Toa, en Puerto Rico.

Guabina- Pez de agua dulce.

Guabiniquinax- Uno de los pocos animalejos encontrados por los

Guabá -Arácnido, cuya picada causa dolor intenso, tumefacción de las partes atacadas y provoca fiebre.

Guaca- es región o cercanía.

Guacabina- Provisión para cuando se va de camino.

Guacabo- Cacique boriqueño

Guacacoa- Árbol cuyo liber es textil.

Guacaica- Ave.

Guacanagari- Cacique haitiano. Fue el primero que tuvo tratos con Colón y le ayudó generosamente, en el naufragio de la Santa María.

Guacanayabo- Región de Cuba, comarcana a Bayamo (1514).

Guacara- Mentira.

Guacarayca- una variedad de batata.

Guacayarima- Región del cacicazgo de Xaragua, en La Española.

Guacio- Barrio de San Sebastián y río tributario del de Añasco, en Puerto Rico.

Guaco- Planta medicinal (Unikania guaco). Río dominicano, tributario del Yaque del Norte.

Guaconax- Árbol de que los indios hacian teas para alumbrarse, porque arde bien; y con. Esas teas iban de noche a la pesca de jueyes. Oviedo escribe goaconex. Actualmente se llama "guaconejo" (Amyris balsamifera).

Guaguao - El aji bravo, picante (Capsicum frutescens)

Guaguasí, guaguací- Árbolito (Laetia thammia).

Guagüey- Árbol

Guagüí- Una especie de malanga.

Guaicán- Pez pequeño, de que se valian los indigenas para pescar tortugas.

Guainabo- Pueblo de Puerto Rico. Río tributario del Bayamón. Aduar o yucayeque del cacique boriqueño Mabó.

Guajaba- Región del cacicazgo de Marién, en La Española, donde fundaron los españoles una población Ilamada Lares de Guahaba.

Guajana- La varilla de la caña silvestre, que dividida a lo largo sirve para hacer chiringas y volantines y también jaulas para aves.

Guajataca- Barrio de San Sebastián y río entre Quebradillas e Isabela, en Puerto Rico. El aduar o yucayeque del cacique boriqueño Mabodamaca.

Guajey- El instrumento musical llamado hoy güiro.

Guajiro- Esta palabra pasó de Costa Firme a Cuba. Hoy se aplica a los campesinos cubanos. En Venezuela habia la nación goajira.

Guajoti- Pichardo la trae como equivalente a "usted".

Guali- Hijo

Guami- Señor.

Guamikeni -Señor de tierra y agua. Asi llamaban los haitianos a Cristóbal Colón.

Guamo- La trompeta o fotuto hecho de un caracol (Strombus spp.).

Guamuco Región del cacicazgo de Marién, en La Española.

Guamá Árbol frutal, en la actualidad llamado "gina" o "jina" (Inga fagifolia). Nombre de un cacique haitiano.

Guana- Árbol de Cuba (Pichardo),

Guanabacoa- Lugar de Cuba.

Guanabina- La frutilla de la palma corozo.

Guanabo- Islita perteneciente al cacicazgo de Xaragua, en Haití. Dice Las Casas: "en la isla que alli está, que se liamaba por los indios Guanabo." Hoy, por corrupcíon del vocablo, se escribe Gonaïve.

Guanabá- Aves, llamadas "yaboa" en Puerto Rico, y "Rey Congo" en la República Dominicana

Guanahumá -Río afluente del Yaque del Norte, en la República Dominicana. Ahora se escribe "Guanajuma".

Guanaja- La isla que hoy se llama Isla de la Juventud (Isla de Pinos) y Colón denominó San Juan Evangelista.

Guanajibo - Río que corre por Sabana Grande, San Germán y Hormigueros, en Puerto Rico.

Guanana- Especie de ganso migratorio, el "ganso blanco" o "guananá" (Chen hyperborea).

Guananagax Una variedad de batata

Guaniguanico- Lugar de Cuba,

Guanime- Bollitos de harina de maíz; actualmente también se hace de plátanos.

Guanimá - La isla que hoy se llama Eleuthera.

Guanina- Hierba silvestre, conocida ahora como "brusca" (Cassia occidentalis)

Guaniquí Bejuco de Cuba.

Guano- Árbol (Ochroma pyramidale), conocido como "lana". Dice el doctor Chanca: "se han visto árboles que llevan lana y harto fina tal que los que saben del arte dicen que podrán hacer buenos paños della." En Cuba y la República Dominicana, se aplica el vocablo a las distintas especies de palmeras del género Coccothrinax.

Guanuma- Río de la República Dominicana, tributario del Ozama.

Guanábana- Árbol frutal y su fruto (Annona muricata).

Guaní- Zumbador, colibrí (familia Trochilidae).

NORMA IRIS PAGAN MORALES

Guanín -Pieza de oro, en forma de lámina, que solían llevar al cuello los indios principales.

Guao- Arbustos del género Comocladia de látex muy cáustico que produce quemaduras en la piel y reacciones alérgicas y el humo producido al quemar las hojas es nocivo para los ojos. Dice Las Casas: "la leche de este árbol es ponzoñosa e della e de otras cosas hacen los indios la yerba que ponen en las flechas con que matan."

Guaonico- Barrio de Utuado, en Puerto Rico.

Guaora- Cacique haitiano.

Guaorabo- El actual río Grande de Añasco.

Guaoxeri - Según Las Casas, palabra de distinción entre los indigenas, equivalente a "señor".

Guara- Árbol (Cupania americana), más comúnmente llamada guárana.

Guaraca- Oviedo (lib. VII, capitulo IV) llama asi una variedad de batatas. Un cacique boriqueño. Véase Guayaney.

Guaraguanó -Lugar del cacicazgao de Maguana, en la República Dominicana. Actualmente se llama Monción y queda en la provincia Santiago Rodríguez.

Guaraguao Ave de rapiña (Buteo jamaicensis). Y un árbol (Buchenavia capitata).

Guariao- Ave grande de Cuba (Pichardo).

Guarico- Ven. Lugar y puerto de Haití. Corrupcíon de Guarique.

Guarionex- El cacique soberano de Maguá, en La Española, y el cacique dueño del Otoao, en Puerto Rico. Los dos belicosos.

Guarique- Una sierra de Haití, donde primeramente acamparon los españoles en América.

Guariquitén- Dice Las Casas: "cierto lecho, al qual llamaban quariquiten, la penúltima breve, que hacen de palos e cañas puestas por el suelo e unas hojas de palmas." Servían a los índigenas para recoger la yuca rallada.

Guarocuya Cacique haitiano, que fue célebre con el nombre de Enriquillo, hasta pactar la paz con el emperador Carlos V.

Guasa- Pez de Cuba (Pichardo).

Guasabacoa- Planta silvestre (Desmodium axillare). En la República Dominicana se le llama vulgarmente "amor seco".

Guasábara- Las guerrillas de los indigenas. Para Oviedo, la guerra. Actualmente, la palabra se aplica a algunas cactáceas: Cylindropuntia caribaea y Opuntia antillana, esta última conocida como "guasábara pilotera".

Guata- Mentira.

Guataca- Vasija de higüera.

Guatapaná- Río de La Española, hoy Dajabón o Massacre. Árbol (Caesalpinia coriaria).

Guatibirí-El ave llamada actualmente "pitirre", "pestigre", "petigre" (Tyrannus dominicensis).

215

Guatiguaná -Cacique haitiano. Fue el primero que dió el grito de alzamiento contra los españoles en 1495, y arrastró a los caciques principales Guarionex,

Caonabó, Mayobanez y otros, excepto Guacanagari. que se mantuvo fiel a los españoles.

Guatini -El tocoloro cubano (Pichardo).

Guay -Interjeccion de dolor, de admiración o de atención.

Guayaba- Árbol y fruta (Psidium guajava). Según fray Román Pané, los muertos se alimentaban de los frutos.

Guayabacán- Árbol (Myrciaria floribunda), conocida vulgarmente como arrayán y con cuyos frutos se produce la bebida guavaberry.

Guayacán- Árbol medicinal de madera dura. Los cronistas le llaman "palo santo", porque el cocimiento de su corteza se aplicaba por los conquistadores a combatir el mal de las bubas (Oviedo). Hay dos especies: Guaiacum officinale y G. sanctum, usualmente llamado "vera".

Guayama -Pueblo y río de Puerto Rico.

Guayaney- Cacique boriqueño de Yabucoa, encomendado a Juan Ponce de Leon, en el Repartimiento hecho en noviembre de 1509 por Juan Cerón. Se liamaba Guaraca y los españoles le llamaban Guaraca del Guayaney, y, por útimo, se quedó con el nombre de Guayaney.

Guayanés- Barrio, río y puerto de mar de Yabucoa, en Puerto Rico.

Guayaro- Dice Las Casas: "hay en los montes otras raices, que llamaban los indios guayaros."

Guayayuco- Río del territorio de Xaragua, en La Española.

Guaybana- Cacique boriqueño, hermano y sucesor de Agueybana.

Guaynia- Nombre del poblejo del cacique Agüeybana, en el Boriquén; radicaba al S. de la isla. En Cuba existe un lugar, en Puerto Principe, llamado Guaynia. El río que pone en comunicación al Amazonas con el Orinoco, y que hoy se llama río Negro, le llamaban los aruacas de Venezuela Guaynia.

Guayo- El rallo usado por los indígenas. De piedra o de tabla de palma, cuadrilonga, sembrada métricamente de piedrecitas silíceas, para rallar la yuca, al confeccionar el pan casabí.

Guiabara- Dice Oviedo (lib. VIII, capitulo Vlll): "árbol Ilamado guiabara, que los chrystianos llaman uvero." Es un árbol (Coccoloba uvifera) que prefiere las zonas costeras al tolerar la sal, por lo que actualmente se conoce como "uva de playa", "uva de mar" o "uva caletera".

Gurabo Pueblo y río de Puerto Rico. Varios ríos y poblados de la República Dominicana.

Guánica- Laguna y puerto al Sur se la isla de Puerto Rico; y un barrio de Yauco.

Guárana- Véase Guara.

Guásima- Árbol (Guazuma ulmifolia) Dice Las Casas "De este árbol solo sacaban fuego los indios". Oviedo escribe guasuma.

Guáyiga -Planta silvestre (Zamia debilis) de cuyo tallo se obtiene un almidón.

Güey El sol.

Güira- La jigoera (Crescentia cujete). Árbol cuyo fruto se utiliza para hacer vasijas, cucharas, jatacas, orinales (ditas), etc.

Güiro- Planta de tallo rastrero (Lagenaria sicerarea), que produce un calabacín largo, que lleva el mismo nombre y se utiliza para hacer un instrumento musical, haciéndole en la cubierta, bien seca y libre de su endocarpio, unas rayitas profundas, paralelas, que, rascándolas con una varilla de metal, o madera dura, produce un sonido áspero, con el cual suelen acompahar las danzas, llevando el compás. El nombre indígena de este instrumento era guajey. Oviedo explica que era de los pocos cultivos sembrados por los indios, pero no para comer de ellas "sino para tener agua en ellas e llevarlas cuando van camino o andan en guerra..." Aunque de origen asiático, es probable que llegara a las Américas por la acción de las corrientes marinas.

Haba- "Hacen unas cestas, que llaman havas, para meter los que quieren guardar." Se tejian de bijaos y les servian para guardar la hamaca. Es jaba.

Habacoa- Hoy Ilamada Bary, una de las islas Lucayas.

Habana- Lugar de Cuba, donde vivia el cacique Yaguacayo; hoy nombre de la capital de la isla de Cuba. Los boriqueños, según Juan Ponce de León, daban ese nombre a la desembocadura del río Toa, que perdura aún con el nombre de Boca Habana.

Haití- Véase Haití.

Haití - El nombre primitivo de La Española, que en actualidad lo conserva la mitad de la isla, llamándose la otra mitad República Dominicana. Significa, tierra alta.

Hamaca- "las camas, en que dormian.

Hamí- un riachuelo cerca de Lares.

Han-han Sí. Es jan-jan.

Hanigajia- Lugar del cacicazgo de Xaragua, en La Española.

Haniquay- una provincia india de La Española.

Hatibonico- "llámase hatibonico en el lenguaje de indios." Este río es llamado ahora Artibonito. En Cuba hay también dos ríos con este mismo nombre. Es corrupción de Jatibonicu. Y de este vocablo se deriva el de Aybonito, castellanizado ya, y conservado en un pueblo de Puerto Rico.

Hatiey- Lugar de cacicazgo de Marien, en La Española.

Hatuey- Cacique de Guahaba, en La Española que pasó a Cuba. Cayó prisionero y fue quemado vivo.

Henequén- Planta textil (Agave sisalana), llamada también "pita" o "sisal".

Hequití- Uno (1). El contar de los indios no pasaba de veinte.

Hicaco- Arbusto frutal (Chrysobalanus icaco). También se dice jicaco.

Hico- Véase Jico.

Hicotea- Véase Jicotea.

Higua - Monte de la sierra de San José de las Matas, en la República Dominicana.

Higuaca- La cotorra (aves del género Amazona).

Higuamota- Hija del cacique Caonabó y Anacaona; se casó con el español Guevara, que fue preso por Roldán, por esta unión, falleciendo en la cárcel: y la india, heredera del cacicazgo, le siguió también en su triste fin.

Higuana- Lagarto grande del género Cyclura, que cazaban los indigenas para comerlo. Oviedo escribe Yuana y Las Casas Yguana. Don Fernando Colón anota Jiguana.

Higuanamá- Vieja cacica del Higüey.

Higüera -Árbol

Higüey- El quinto y último cacicazgo de Santo Domingo, en la parte E. y S. E. de la isla, subdividido en las poblaciones de Asua, Maniex, Bonao, Cayemb, Cacao, Hicayagua y Boyá.

Hobo- El jobo. Árbol frutal (Spondias mombin), llamado también "ciruela", "ciruela amarilla", "jobo de puerco".

Hoconuco- Barrio de San Germán, en Puerto Rico.

Humacao- Santa Clara anota Jumacao. Población y río de Puerto Rico; Oviedo llama al río Macao.

Humiri- Árbol resinoso (Amyris balsamifera).

Hupia- Espíritu.

Huracán- Tempestad, tormenta fuerte

Hutía- se escribe jutia. Especies de animales de los géneros Plagiodontia y Solenodon.

Ibonao- Villa de Santo Domingo, en 1514.

Iguanamá -Cacica haytiana, encomendada a Luis Garcia de Mohedas, en 1514. Tomó el nombre de Isabel de Iguanamá.

Imotonex- Cacique haitiano, encomendado a Hernando de Alcántara, en el Repartimiento de indios de La Española, en 1514.

Inabón- Río tributario del Jacaquas, en Puerto Rico.

Inagua- Isla llamada Gran Inagua, a 15 leguas del cabo Maisí, de Cuba. La que creyeron los compañeros de Colón que querian indicar los lucayos al decir babeque.

Inamoca- Cacique haitiano, encomendado a Miguel de Pasamonte, en 1514.

Itabo Río de la República Dominicana, que desemboca al S. de la isla.

Jaba- Especie de canasto para transportar la jamaca y otros objetos, puestos al extremo de un palo y llevado al hombro, Véase haba.

Jabacoa- Lugar de Cuba.

Jabiya- Árbol (Hura crepitans) que a veces se usaba para construir canoas. En la actualidad, se acostumbra a escribir jabilla.

Jacaboa -Barrio y río de Patillas, en Puerto Rico.

Jacagua- Lugar en La Española, donde originalmente se fundó la ciudad de Santiago de los Caballeros.

Jacaguas- Río que corre por Juana Diaz, en Puerto Rico.

Jagua- Árbol frutal

Jagual- Lugar de la vega de Arecibo, en Puerto Rico.

Jagüey- Depósito de agua dulce. Un barrio de Aguada y otro de Rincón, en Puerto Rico. También se llama jagüey al "higo cimarrón" (Ficus spp.).

Jaibón- Río de la República Dominicana, tributario del Yaque del Norte.

Jaimiquí, jaiquí Árbol (Manilkara jaimiqui).

Jaina- Lugar y río de la República Dominicana

Jamayca- isla que los indigenas llaman Jamayca, lugar de agua

Jan-jan- Sí.

Jarabacoa- Sierras del Cibao, República Dominicana, coronadas de pinos.

Jaragua- Uno de los cacicazgos principales de La Española. Llevaba también el nombre de Aniguayagua. Estaba situado al 0. y S. O. Era su régulo Bojekio.

Comprendía a Hanigagia, Yaquino, Yaguana, Guacayarina, Cahaya y la islita Guanabo. Las Casas escribe Xaragua.

Jaruco- Puerto de Cuba.

Jatibonicu- Véase Hatibonico.

Jauca- Barrio y río de Utuado, en Puerto Rico.

Jayabacaná- Árbol.

Jején- Insecto pequeño, que al picar para chupar sangre produce un molesto escozor.

Jeniquén- Véase Henequén

Jiba- Bosque, monte. Arbustos (Erythroxylon spp.) llamados ahora "papelillo", "fruto de paloma"

Jibe- El cedazo indígena.

Jicaya -Río de Maguá, en Haití.

Jico- El cordel o cabuya para sostener la jamaca. Los cronistas escriben hico.

Jicotea, Hicotea- Tortuga de agua dulce (Trachemys spp.). Las Casas anota hycotea y Oviedo hicotea.

Jiguani- Lugar de Cuba.

Jigüera -Véase Higüera.

Jima-Río del territorio de Maguá, en la República Domicana.

Jimagua Gemelo.

Jiquilete- Añil o índigo silvestre (Indigofera spp.).

Jiquima- Bejuco leguminoso.

Jobabo -Río de Puerto Príncipe, en Cuba.

Jobo- fruta en Puerto Rico

Jobobaba- una cueva que estaba en las tierras del cacique Manitibuex, de donde creían los haitianos que el sol y la luna habían salido.

Jocabunagus Maorocon- El Dios protector de Haití

Jocuma- Árbol silvestre.

Jutía- Uno de los animalejos encontrados por los espaholes en las grandes Antillas.

Jáiba- Cangrejos de río del género Epilobocera. Las Casas escriben xayba.

Jíbara- Lugar y puerto de Cuba, de donde procede el vocablo criollo jíbaro

Aplicado en Puerto Rico al hombre del monte, al campesino.

Lerén- "lirénes una fruta que nace en una planta, que losn indios cultivan."

Libón- Río de La Española.

Lucayos- Corrupcíon de Yucayos.

Luquillo- La montaña más elevada de Puerto Rico. Corrupción de Yukiyu.

Un pueblo en Puerto Rico

Luquo- Los franceses escriben Louquo. Corrupcíon de Yukú, contracción de Yukajú, espíritu benéfico de Haití.

Ma Radical- indoantillana, significando grande, extenso.

Mabi- Palabra de origen africano para una bebida hecha a partir del "bejuco de indio" (Gouania lupuloides). También se le llama así a la planta Colubrina elliptica, cuya corteza es uno de los ingredientes de la bebida.

Mabiya- Un barrio y río de Vega Alta, en Puerto Rico. Hoy se escribe "Mavilla".

Maboa- Árbol (Cameraria latifolia), llamado vulgarmente como "palo de leche".

Mabodamaca- Cacique boriqueño, que tomó parte en el alzamiento de 511, en unión de Guaybana, Guarionex y Urayoán.

Maboya, Mabuya- Espiritu maligno.

Mabó- Cacique boriqueño, residente en Guaynabo.

Mabú- Barrio de Humacao, en Puerto Rico.

Macabi -Pez que tienen muchas espinas.

Macabuca- «¿Qué me importa?»

Macabón- Río de La Española, tributario del Yaque del Norte.

Macacuya- Árbol silvestre.

Macagua- Árbol (Pseudolmedia spuria), llamado en la República Dominicana "macao".

Macaguanigua- Río de Baracoa, Cuba, donde Hernán Cortés, expuesto a ahogarse, estuvo luchando en un pequeño esquife contra la corriente, después de haberse huido del barco en donde el gobernador Diego Velázquez le tuvo preso.

Macaguaro- Planta silvestre.

Macana- Garrote grueso de madera. Arma ofensiva de los indigenas.

Macaná- Barrio de Guayanilla y de una quebrada, en Puerto Rico.

Macao -un pueblo grande de indios (en La Española) que llamaba Macao." Punta al E. de La Española. Un cacique boriqueño cuya ranchería demoraba en Jumacao.

Macori -Árbol silvestre.

Macorix- Puerto (San Pedro de Macorís). Río y territorio de la República Dominicana.

Macuaque- Río tributario del Macorix, en la República Dominicana.

Macumara- Comarca de la parte Occidental de La Española.

Maguaca- Ríos de la República Dominicana, uno tributario del Yaque del Norte y otro del Yuna.

Maguacana- Planta silvestre.

Maguana- Uno de los cinco cacicazgos de Haití, cuyo régulo era Caonabó; comprendía 21 departamentos, con sus subjefes o nitaynos. Eran Abayagua, Aguaybó, Alcobaxa, Ayaguana, Azua, Baní, Bánica, Bonao, Careybana, Coroxo, Guana, Guananea, Jayacú, Xagüey, Macabonao, Maguanabo, Niti, Nixao, Nixinao, Sabána y Yaguaná.

Maguayo- Un barrio del Dorado, en Puerto Rico.

Maguey- Planta textil (Agave spp.). Sus fibras servían para cordelería a los indoantillanos.

Maguá- Un cacicazgo de Haití del cual era régulo Guarionex.

Magá -Árbol (Thespesia populnea), cuya madera es de ebanisteria, corrientemente llamado "álamo blanco". También hay otro árbol nombrado "magá" (Hernandia sonora").

Magüey- El tambor hecho de madera ahuecada.

Mahite -Véase Buticaco.

Maisi- El maíz (Zea mays). Algunos escritores antiguos anotan mahiz, entre

Majagua- Árbol silvestre (Hibiscus tiliaceus), que produce una corteza filamentosa textil. Cacique boriqueño. Río tributario del Loiza, en Puerto Rico.

Majibacoa- Planta silvestre.

Majá- En Cuba, la culebra grande.

Majúbiatibirí Cacique haitiano, amigo de fray Román Pané.

Maketaori-Guanana Según fray Román Pané, el cacique dueño de Coaibay, lugar de la isla de Haití, donde iban a refugiarse los muertos.

Malanga- La palabra se origeno de los africanos, como también ñame.

Mambí- No es palabra indoantillana; sino un neologismo aplicado a los insurrectos de Cuba en el siglo 19.

Mamey- Árbol frutal (Mammea americana).

Mana Río- tributario del Jaina, en la República Dominicana.

Manaca- La manacla o manacle (Prestoea montana).

Manacle- Corrupcíon de manaca.

Manacua- Comarca de la parte Occidental de la República Dominicana.

Managüís- Empaque de yagua para transportar el casabe.

Manahueca Batea- hecha de yaguas de palma real.

Manajü- Árbol silvestre.

Manatuabón- El río de Maunabo, en Puerto Rico.

Manatí- Mamífero marino (Trichechus manatus)

Manaya- hacha de piedra

Mandioca, manioca- La yuca

Manibari- La "verdolaga" o "porcelana

Manicarao- el Repartimiento de indios de Cuba,

Manicatoex- Dos caciques haitianos de este nombre,

Maniey -Territorio indio de La Española.

Manigua- Boscaje. Maleza.

Maniquatex- Cacique haitiano, encomendado a Miguel Pérez de Almazán, en 1514, en el Repartimiento de La Española.

Maná- Barrio del Corozal, en Puerto Rico.

Maní- El maní (Arachis hypogoea)

Maorocotí- Palabra polisintética, que comprende los atributos de la divinidad haytiana.

Mapuey -Tubérculo (Dioscorea trifida). Hoy se llama también "ñame mapuey". Debe ser mabbey.

Maraca- Instrumento musical hecho de la higüera.

Maragüex- Barrio de Ponce, en Puerto Rico.

Maricao- Árbol (Byrsonima spicata), llamado también "peralejo".

Marien- Uno de los cacicazgos principales de Haití.

Mariá- La baría o mara (Calophyllum calaba)-llamado ocuje en Cuba y maría en Puerto Rico. Servía para hacer canoas.

Marunquey- Islote al Este de Puerto Rico.

Matininá- La isla Martinica. Generalmente escriben los cronistas Matinino.

Matún -Generoso.

Matúnjeri- Palabra de distinción, que usaban los indígenas con sus caciques.

Maunabo- Pueblo y río de Puerto Rico.

Maya- Planta textil (Bromelia pinguin), que se usa únicamente para limitar predios rústicos, porque sus hojas tienen pocas fibras; y se desarrolla fácilmente en cualquier terreno

Mayabón- Río de Cuba.

Mayagüex -Río de Puerto Rico.

Mayailez- Ciudad de Puerto Rico, que toma el nombre del río Mayagilex. Corrupcíon de Mayagbey.

Mayani- "Llaman a nada, mayani."

Mayaya- Río de Xaragua, en La Española.

Maymón -Ríos de la República Dominicana, tributario uno del Yaque del Norte y el otro del Yuna

Moca- Pueblos de Puerto Rico y República Dominicana.

Mojui- Uno de los animales comibles, encontrados en Haití. Es más pequeño que la jutia.

Mona- La isleta entre Puerto Rico y La Española... En la época del Descubrimiento estaba poblada de indigenas.

Mucarabón- Río tributario del Toa, en Puerto Rico. Hoy se escribe Mucarabones.

Múcaro -Ave de rapiña, nocturna. Pertenecen al órden Strigiformes y se conocen también con el nombre de "lechuza".

Na- Radical indoantillana. Como prefijo significa cosa. Otras veces, yo. Como afijo es muchas veces contracción de bana, grande.

Naba- Puerto de Cuba, que indica Colon en su primer viaje.

Nabori- Hombre de la tribu. Pechero. Siervo.

Nacán- Centro, medio.

Nagua- Faldellín de algodón, que de media cintura abajo usaban las indias casadas. Se usa hoy en dia como "enagua".

Naguabo- Pueblo y río de Puerto Rico.

Naiboa- El jugo venenoso de la yuca brava rallada. No debe confundirse este vocablo con anaiboa.

Najasa Lugar, río y montaña de Puerto Principe, en Cuba. Por error se escribe "Najaza".

Naje - se recogieron hasta doce indios, que podrian ser, en las canoas que es dicho; las quales alli tenian, e comenzaron a dar golpes con los remos en las canoas."

Najesi- Árbol de Baracoa, en Cuba

Naraqua- La bahia de Enriquillo en La Española.

Neiba- Región y río de Maguana (el actual río Yaque del Sur).

Ni Radical indoantillana- "Agua".

Nibagua-Cacique haitiano, encomendado a Juan de Alburquerque, en el Repartimiento de indios de La Española, en 1514.

Nibaje- Arroyo dominicano tributario del Yaque del Norte.

Nigua-Insecto

Nijagua- Sitio en la República Dominicana, hoy "Nigagua".

Nipe- Bahía de Cuba. Corrupcíon de Nibi.

Nitabo- Laguna de agua dulce.

Nitayno- "Habia en la isla La Española unreino de muchos nobles e estimados la mejor sangre que tenían cargo sobre.

Niti- Lugar del territorio de Maguana, en La Española.

Nizao- Río y sierras de la República Dominicana.

Nubaga- una especie de yuca.

Nucay- Palabra mal anotada, del Diario de Colón, significando oro. Este metal se llamaba en indo-antiIlano caona.

O Radical indoantillana- montaña.

Ocamaniri- La isla Redonda.

Ocoa- Lugar y río de la República Dominicana y bahía que queda al S. de la isla.

Ojuná- La isla Rum Cay, a la cual llamó Colón "Santa María de la Concepción".

Onicajinax- Río de Cuba. Gomara anota onicaxinal

Oribá- La isla Oruba.

Orocobix- Cacique boriqueño, encomendado a don Diego Colón; cuyo aduar o yucayeque radicaba en el Jatibonicu.

Osama-Oye, escucha, atiende

Otoao -El actual Utuado, en Puerto Rico, donde señoreaba el cacique Guarionex.

Ozama- Río de la República Dominicana. Debe escribirse Osama.

Paira- El arco para tirar flechas; debe ser baira.

Papa- "carecen de maíz y comen unas raices, que parecen turmas de tierra, y que ellos llaman papas."

Papaga- los indígenas llamaban a los papagayos higuacas (las "cotorras") y a los más pequeños xaxabís (los "pericos").

Papaya- El fruto del papayo (Carica papaya). La fruta y el vocablo vinieron a las Antillas del inmediato Continente americano. La fruta se conoce como "lechosa" en la República Dominicana, y en Cuba como "fruta bomba".

Payabo-Río de la República Dominicana, tributario del Yuna. Debe ser Bayabo.

Piragua- Nombre que daban los indios de Tierra Firme a la canoa pequeña, que destinaban a pescar; de pira (en guaraní) pescado,

Pitajaya- Cactus frutal (Hylocereus undatus). En la española donde es más conocida con el nombre de "yaso".

Piña- es fruta de olor e sabor admirables, no la había en esta isla (Haití), sino que de la isla de San Juan

Plátano- con este impropio nombre de plátanosQuamá- Una de las islas turcas.

Quemí- Uno de los animalejos comibles, hallados en Haití, mayor que la jutia.

Quiabón- Río de Santo Domingo, que desagua al Sur. Ahora se denomina «Chavón».

Quinigua- Río de la República Dominicana, tributario del Yaque del Norte.

Ri Radical indoantillana - entrañando la idea de valor o fortaleza, y usada como afijo o sufijo.

Saba -Una de las islas de Barlovento, que conserva el nombre indígena.

Sabane- Cuba, en la costa norte, a 25 leguas del río Caonao.

Sabicú- Árbol de Cuba (Mimosa odorantissima).

Sabána- Una gran extensión de terreno llano y con muy pocos árboles."

Sagua- Véase Xagua.

Sajes -Según Las Casas, unos pececitos de río, muy sabrosos.

Samaná- Península y bahía de la República Dominicana.

Sao- Sabana pequeña.

Saragüey -Planta silvestre (Eupatorium odoratum), más conocida como "rompe saragüey".

Sarobey- El algodón.

Seboruco- Corrupción de Sibaorucu: Lomas pedregosas.

Semí- La divinidad tutelar del indoantillano.

Setí- Unos pececitos, recién nacidos, que, en los plenilunios de agosto, septiembre y octubre, entran por la desembocadura de algunos ríos. En Cuba le llaman teti.

Siba- Piedra.

Sibaguara- Sitio de la parte occidental de La Española.

Sibucán- Saquito hecho de hojas de palma, para echar y prensar la yuca rallada, de la cual se ha de hacer el casabe.

Sibukeira- La isla de Guadalupe.

Sigua- Caracolillo de las costas.

Siguatio- La isla Gran Abaco.

Sipey- La tierra muy arcillosa, barro. Debe ser sibey.

Susúa- Barrio y río de Yauco, en Puerto Rico.

Tabaco- El cigarro. Hoy se aplica también a la planta (Nicotiana tabacum).

Tabacán-la cita como la sexta y última variedad de la yuca.

Tabonuco- Árbol que produce abundantemente una resina blanca, y se utiliza en Puerto Rico, envuelta en yagua para hacer teas, que llaman los campesinos "jachos" (Hedwigia balsamifera). Un barrio de Sabana Grande en Puerto Rico.

Tagua- Planta trepadora con zarcillos (Passiflora foetida var. gossypifolia), llamada "caguazo, caguaza" en la República Dominicana.

Taguagua -Zarcillo de oro.

Tanamá- La mariposa.

Tau-túa- Planta que los indigenas sembraban en torno de sus bohios, para purgarse, según.

Tayabacoa- Río de Cuba.

Tayaboa- Barrio de Peñuelas y río del S. en Puerto Rico. Por error escriben "Tallaboa".

Tayno -"Bueno".

Teitoca- "Estate quieto."

Ti- Radical indoantillana: Alto, elevado.

Tibe- Barrio de Ponce, en Puerto Rico.

Tibisí- Gramíneas del género Arthrostylidium, trepadoras y comúnmente largas y enredadas, formando grandes masas a veces impenetrables.

Tiburón – están en la mar, y entran también en los ríos, unos peces de hechura de cazones, o al menos todo el cuerpo, la cabeza bota, y la boca en el derecho de la barriga, con muchos dientes, que los indios liaman tiburones."

Tina- Montaña dominicana.

Tinima- Río de Cuba.

Tirigüíbi- El envoltorio del racimo de la palma real, que desprendido de la palmera cae al suelo.

Toa- El río más grande de Puerto Rico.

Tubagua -la cuarta variedad de la yuca.

Tuna- Cactus unos muy donosos higos...

Turabo- Río tributario del Loiza, en Puerto Rico.

Turey- El cielo.

Tureygua- Celestial.

Uará -Tú.

Ubi- Un bejuco.

Uikú -Bebida hecha de casabe fermentado.

Umacao -Región de Higüey, en la República Dominicana.

Urayoán- Cacique boriqueño, que formó parte del alzamiento de 1511 contra los españoles.

Usabón- Río tributario del Toa, en Puerto Rico.

Utuado- Pueblo de Puerto Rico.

Xacagua- Santa Clara al rio Jacagua de Puerto Rico, que desemboca al S. de la isla. También hay una serrania de este nombre.

Xaomatí- La isla Long Island, que Colón Ilamó Isabela.

Xaragua- Lago y territorio de La Española.

Yabisí- Árbol.

Yabucoa -Pueblo de Puerto Rico.

Yabuna- Planta silvestre.

Yacahüey -Cacique de Cuba.

Yagruma- Árbol En la República Dominicana se conoce como "yagrumo", "grayumbo", "yagrumo hembra".

Yagua- La vaina de cada penca de la palma real (Roystonea spp.).

Yaguana- La ranchería del cacique Bojekio en Jaragua, Hayti.

Yaguanabo- Río de La Española, en la parte Occidental.

Yaguasa- Especie de pato silvestre (Dendrocygna arborea).

Yaguatí- Río de la República Dominicana, tributario del Nizao, conocido ahora como Yaguate.

Yagüeca- La región boriqueña de Añasco y Mayagüez, donde era régulo el cacique Urayoin.

Yahurebo- Cacique caribeño de Vieques, hermano de Casimax.

Yahutia- La yautía (Xanthosoma sagittifolium).

Yaití -Árbol (Bumelia cubensis), también llamada «caya de loma», «jaiquí».

Yamagua- Río de Cuba.

Yamagüey- Árbol.

Yamasá Lugar de la República Dominicana, provincia Monte Plata.

Yamocá -Dos (2).

Yamocán- Tres (3).

Yana -Árbol (Conocarpus erectus), vulgarmente conocido como «mangle prieto».

Yanique- Río del territorio de Maguana, en La Española. Las Casas escribe Xanique.

Yaque -Ríos de los territorios Jaragua y Maguana. Lo hay del norte y del sur.

Yaquimo- Lugar y puerto del cacicazgo de Jaragua,_la actual ciudad haitiana de Jacmel.

Yara-Lugar, sitio. En los vocablos indoantillanos queda reducido a ya, por polisintetismo.

Yarabi -Lugar o sitio reducido, pequeño.

Yarey -Una variedad de palmera (Copernicia berteroana).

Yarima- Lugar de limpieza.

Yarí- pepita de oro,

Yauco- Pueblo de Puerto Rico.

Yautía-bianda.

Yaya Árbol (Oxandra lanceolata). Asi llamaban también los indoantillanos a las bubas (sífilis).

Yayagua- Una variedad de piña.

Yayama- La piña (Ananas comosus).

Yocahu Vagua Maorocoti-La gente de la isla española tenía cierta fe e conocimiento de un verdadero e solo Dios...

Yocahuguama- nombre de un zemí de La Española.

Yuboa- Río de la República Dominicana.

Yubón- Río de la República Dominicana, tributario del Yuna.

Yuca -La raíz de la yucubia (Manihot esculenta), de la cual los indoantillanos y los indios de Tierra Firme hacían su pan.

Yucayeke -Pueblo.

Yucayo- El indio natural de las islas Yucayas, que hoy, por corrupcíon del vocablo, se llaman Lucayas.

Yucayu - hay una isla con este nombre. Hoy es Pequeña Abaco.

Yucubia- La planta que da la yuca (Manihot esculenta).

Yuisa- La cacica boriqueña Luisa.

Yumaí- La isla Cat Island, que Colón llamó Fernandina.

Yuna- Río de la República Dominicana.

Yunque- La cúspide de la montaña Luquillo, en Puerto Rico; el punto más alto de la sierra, envuelto siempre en nieblas blancas.

Yunque- es corrupcion de Yuké, tierra blanca; como Luquillo es Yukiyu.

Yuní -Río de Utuado en Puerto Rico. Escriben por error Yune.

Yú Radical indoantillana: Blanco.

Bohío - casas o chozas donde vivían los indios.

Caparra- primera residencia del conquistador, gobernador de Puerto Rico, Juan Ponce de León

Cucubano insecto volador que despide una luz azulada durante la noche

Jíbaro - nombre con que se conoce a los campesinos puertorriqueños.

Macana- arma defensiva de los indios, hecha de madera más dura de una especie de palma.

Naborías - indios que trabajaban como siervos para un señor, ya éste un cacique o colono español

Nitaínos- eran loa indios nobles.

Taínos - palabra indígena que significa "los bue-nos" y que da nombre a los indios de las Antillas Mayores.

Guariao- pacto de fraternización que sellaban con nombres

Areito-= reuniones que hacían los indios para celebrar sus fiestas, recordar tradiciones, tomar de-cisiones, o declarar guerras.

Guanina- significa en el lenguaje taíno: "Resplandeciente como el oro".

Acu= n: Ojo.

Agucat = n: Moneda.

Aji = n: El Picante.

Akani = n: Enemigo.

Amaraca = n: Sagrada Matraca Ceremonial de Madera, instrumento hecho de madera de Capa Negra.

Ama = n: Rio, Cuerpo de Agua.

Ana = n: Flor.

Anacaona = n: Flor de Oro.

Anana = n: Pina. (Vea la palabra Yayama).

Anani = n: Flor de Agua.

Anaiboa = n: Almidon o jugo blanco sacado de la yuca dulce, usado para pre-parar una bebida. (Vea la palabra Naiboa).

Anki = n: Persona Malvada.

Aon = n: Perro o Perrito.

Apito = n: Infinita, sin Principio o Fin.

Ara = n: Gente.

Ara = n: Un pequeno Pajaro Rojo, tambien llamado Guacamayo.

Aracoel = n: Abuela.

Ara'guaca = n: Danza.

Ara'guacu' = n: La Gente Sagrada, el nombre de donde sale el ori-gen de la palabra Arahuaco.

Arepa = n: Torta de Maiz.

Areito = n: Un baile y canto historico tradicional.

Ari' = n: Invasor.

Arijua = n: Extranjero.

Arike = n: Cordel para cargar un bulto de peces, hecha de una tira de Yagua de la Palma Real.

Arocoel = n: Abuelo.

Atabey = n: Madre Tierra.

Baba = n: Padre.

Bagua = n: Mar.

Baira = n: Arco.

Bajacu' = n: Alba, la luz del amanecer.

Bajari = n: Un titulo de distincion y alto respeto.

Bana = n: Grandeza o Gran lugar.

Bara = n: Matar o Muerte.

Baracutey = n: Solitario, Animal o persona que anda solo.

Barbacoa = n: Plataforma, una plataforma con cuatro patas, hecho de palos de madera. Fue tambien utilizado como una Torre de Aviso para el pueblo y tambien en las fincas como plataforma de espantar a los animales.

Barbicu = n: Un proceso de asado de carne, usando un hoyo de fuego y una Barbacoa como plataforma para montar la carne de asado.

Batata = n: Patata.

Batey = n: Plaza Ceremonial Sagrada y tambien se usa para el nom-bre del sa-grado juego de pelota llamado Batey.

Batu = n: Pelota.

Bi = n: Vida, Principio o primero.

Bibi = n: Madre.

Bieke = n: Pequena Tierra.

Bija = n: Pintura Roja o Achiote.

Bijao = n : Paja, hecha de las hojas de la palma Yarey, usada en la construccion de los bohios o casas redondas.

Bijirita = n: La paloma turca.

Bimini = n: Vida de agua de las quebradas. Tambien el nombre del estado de la Florida, USA.

Bo = n: Gran, Grandeza o Grande.

Boba = n: Serpiente.

Bociba = n: Piedra grande tambien Cibabo.

Bohiti = n: Shaman, un lider espiritual Taino, uno que tiene la sabi-duria de los dos mundos de plantas y espiritus.

Boniata = n: La yuca Dulce.

Boria = n: Trabajo.

Boriken = n: Gran Tierra Del Valiente Y Noble Senor.

Boya = n: Espiritu Maligno.

Buren = n: Un plato llano y redondo de barro, usado para cocinar pan Casabe.

Buticacu = n: Ojos Zarcos, Es tambien usado como un insulto entre los Tainos.

BO = Redonda, como una Isla o bohio.

BO' = Gran señor

BO'jike = Significa "Gran Senor del Bosque y Tierra". Shaman, cu-randero, me-dico de la tribu. Tambien vea la palabra Bohiti.

BOhi-o = Casa redonda.

BOricu'a = Significa "La Gente Valiente de La Casa Sagrada".

Cabuya = n: Cordel delgado, es una cuerda fina usada en la pesca, hecha de las fibras de la mata de Majagua o Maguey. (Vea la palabra Jico).

Cacike = n: jefe.

Cacibajagua = n: La Cueva Negra.

Cacona = n: Recompensa.

Caguama = n: Tortuga Grande del Mar, pero mucho mas grande quel Carey o turtuga del Mar.

Caguana = n: La Madre de Fertilidad, tambien conocida por el nom-bre de La Mujer de Caguana.

Caicu = n: Arrecife o islita, puente de tierra.

Cajaya =n: Tiburon Hembra.

Calichi = n: Fuente de la Montana Alta.

Can = n: Centro. Vea la palabra Huracan.

Canari n: Olla, hecha de barro.

Caney = n: Casa Larga, casa del jefe Maximo o Anciano de la Tribu o Pueblo Tai-no.

Caniba = n: indio Caribe.

Canoa = n: Barco Pequeno, Embarcacion.

Canocum = n: El Numero 3

Caona = n: Oro Amarillo.

Caracuri = n: Sortija o joya para las narices. Muchas veces estaban hechas de Oro.

Carey = n: La Tortuga Verde del Mar.

Cari' = n: Isla de los Valientes. Isla de Trinidad.

Carib = n: Hombre Fuerte.

Caribe = n: Gente Brava.

Casabi = n: Pan, hecho de la Yuca.

Catey = n: Estorbar, Molestar.

Cay = n: Isla.

Cayajobo = n: El Mate Colorado. un color rojo sin brillo.

Cayaya = n: Arbusto.

Cayo = n: Paso Entre Islas, o una Llave.

Cayuco = n: Enbarcacion, hecha de una sola pieza de madera, plana, sin quilla.

Cemi = n: Significa "Frente del señor" es tambien un Totem.

Chicha = n: Cerveza, bebida fermentada del maiz.

Ciba = n: Piedra.

Cibao = n: Montana de Piedra.

Cibucan = n: Extractor o exprimidor, un aparato cilindrico largo, he-cho de fi-bras, para extraer el jugo venenoso de la yuca brava, en el proceso de preparar el casabe.

Cike'o = n: Tierra de Montana de Piedra.

Cimu' = n: La Frente de la persona.

Coa = n: Instrumento o palo agri-cola hecho de madera.

Cobo = n : Caracol marino..

Cocuyo = n: Pequeno insecto luminoso, con una luz azulada en color, salen de noche. Vea la palabra Cucubano.

Cohoba = n: Polvo Sagrado Ceremonial, hecho de la semilla del Arbol Cojoba-na. Tambien el Nombre de la Sagrada Ceremonia Religiosa Taina.

Cojiba = n: Tabaco rollado, Tambien Cohiba una de las mezclas usada en ce-remonia de Cohoba.

Cojibi = n: Cigarrillo, un termino moderno usado por la gente Tai-na, un Ciga-rro pequeno.

Coki' = n: Ranita de Arbol, Significa "Espiritu del Arbol de Tierra" La Rana Verde Del Arbol.

Colibri = n: Pica Flor.

Conuco = n: Fincas, laboranza o jardines de siembra.

Cori = n: El guimo.

Cu' = n: Sagrado, Sitio Sagrado. (Vea la palabra Ku').

Cucubano = n: Gran Insecto Luminoso, con cuatro alas y dos luces, salen de noche. Vea la palabra Cocuyo.

Cuey = n: Objecto Sagrado.

Cuyo = n: Luz.

Cha'gara = Pequeno Cangrejo negro del Rio.

Choreto = Abundancia.

Chemi'n = Totem, Es otra manera de decir la palabra Cemi.

Da = Yo o Mi.

Daca = Yo soy.

Daca-ababa = Yo soy un Padre.

Dajao = Pez de Rio.

Datiao = Mi Amigo o Soy Amigo.

Datijao = Mi Señor, expresión de aprecio.

Digo = n: Jabón, usado para lavar el cuerpo, hecho de una planta.

Dita = Vasija de comer, hecha de la Higuera.

Dujo = Asiento Ceremonial del jefe de un Pueblo Taino.

Ector = Maíz tierno o maíz dulce.

Eieri- = Hombres, palabra del lenguaje de las mujeres Tainos.

Eracra = Casa, Es otra palabra para Bohío o casa en el lenguaje de las Mujeres Tainos.

Fotuto = Trompeta de caracol de Mar, esto es un mestizaje Taino para la pala-bra Guamo.

Goeiz = n: El Espíritu de una persona viva.

Gua = pron: EL o La, usado con gente de alto rango, ejemplo EL Rey o La Reina.

Guaba = n: La Arana.

Guabasa = n: Fruto que comen los Muertos y los sostiene en la Utra- Vida.

Guaca = n: Parte, región o cercani-a.

Gua'cara = Cueva o La Región del Lugar del Nacimiento.

Guada = n: Jardi-n.

Guaiba = n: Retirate o vete.

Guaili = n: Nene o Nino pequeno Infante.

Guaitiao = n: Amigo o Amigos.

Guajey = n: Raspadora de Higuera. Un instrumento musical, tambien conoci-do como Guiro.

Guakete = n: Juntar o reunir la gente de la Tierra, en fiesta.

Gua'kia = pron: Nosotros o Nuestro.

Guali = n: Hijo, Hijos o Ninos.

Guama = n: Principal y superior, una manera de jefe del Tribu.

Guama = n: Arbol Grande de Sombra, Arbol Frutal.

Guami = n: El señor

Guami'keni = n: El señor de la Tierra Y Agua. Un nombre con que llamban los Tainos a Christobal Colon.

Guami'ke'na = n: Gran señor, Nombre dado a los jefes Supremos.

Guami'kena, tambien fue un nombre para identificar a los Espanoles.

Guamo = n: Trompeta, hecho del Caracol Grande del Mar.

Guanajo = n: El Pavo.

Guani = n: El Picaflor

Guani' = n: Hombre Noble.

Guanin = n: Una Medalla de Oro colgada del cuello del jefe. Esta medalla esta compuesta de tres metales, 18 de Oro, 6 de plata y 8 de Cobre.

Guanime = n: Pan de Maiz, hecha de harina de maiz.

Guara= n: El Sitio.

Guaraguao = n: Halcon Del Rabo Colorado.

Guare = n: Mellizos.

Guarico = n: Ven o Vega aca.

Guaroco = n: El Recuerdo o Conocer.

Guata = n: Mentira o Mentiroso.

Guatiao = n: La Ceremonia del entrecambio de Nombres, y tambien una per-sona adoptada.

Guatu' = n: Fuego.

Guay = n: Muestra de emocion o dolor, como en decir: ¡Ay! me duele.

Tambien de admiracion o en gritando, "Yucayeke' Guay!" o atencion pueblo.

Guayo = n: Rallo, tabla usada para rallar la yuca en la preparacion del Pan Casabe.

Guazabara = n: Guerra or Guerrero.

Guey = n: Sol.

Haiti = Verdadero nombre de la isla de Santo Domin-go/Haiti.

Hamaca = Cama colgante, hecha de algodon.

Han = Si-.

Han-han = Si asi.

Hekiti = Uno.

Hupia = Fantasma, Espiritu de un defunto. (Vea la pablabra Opia).

Hura = Viento.

Huracan = Centro Del Viento. Hura, Viento y Can, Centro.

Hutia = Conejo, del Caribe.

I' = n: Espiritu, en este caso como en la palabra "Operi'to", Espi-ritu de una persona muerta o Hupia, espiritu fantasma de la noche.

Iguaca = n: Cotorra Verde.

Iguana = n: Lagarto Grande Verde.

Inagua = n: Falda Larga hecha de algodon blanco, usada por las Mujeres ca-sadas.

I'naru' = n: Mujer o Espi-ritu de Mujer.

Inriri = n: Pajaro Carpintero.

I'ro = n: Hombre o Espi-ritu de Hombre.

Ita = n: Rojo.

Ita' = interj: No se. J

¡Ja' = ¡Sonido usado para mostrar emocion o Admiracion, como en Ay!

Jaba = Cesta, usado para cargar cosas, Hecha de bijaos o las hojas del la Palma de Yarey.

Ja'bao = Instrumento musical de tres cuerdas, hecho de la higuera, con tres cuerdas del intestino o tripa del gato Yamuy. El numero 3 y 4 son numeros sagrados entre los circulos Religiosos Indigenas de los Tainos.

Jagua = Tinte Negro, usada para tintar la fabrica del algodon y pintar el cuer-po.

Jagua = arbol Frutal, el jugo es color blanco, pero en tempo el jugo cambia a un color negro de este jugo negro de Jagua se consigue una tinta para pintar el cuerpo y para pintar los materiales de algodon blanco.

Ja'tibonicu' = El Gran Sitio Alto de las Aguas Sagradas. El antiguo pueblo del Cacique Orocobix en las montanas centrales de Puerto Rico.

Jaiba = Cangrejo de Rio o Cangrejo de agua dulce.

Jauja'u = El pan de Yuca dulce, pero mas fino.

Jeiticacu' = Ojos Negros, Es tambien un insulto entre nuestra gente Taino.

Jeje'n = Mosquito.

Jiba = Monte, o Bosque.

Jibe = Cedazo, usado para colar la harina de yuca.

Jibiria = Sandia.

Jico = Un cordel o soga, para colgar la Hamaca. (Vea la palabra Cabu-ya.

Jicotea = Tortuga de Tierra.

Jimagua = Mellizos, semejantes o muy parecidos.

Jujo = Culebra.

Kachi = Sol, otra manera de decir Guey o Sol en el lenguaje Taino.

Kai = Alimento.

Karaya = Luna.

Ke' = Tierra o Terreno.

Ki' = Espiritu de Tierra.

Ku' = Templo Sagrado o Adoratorio.

Li = El, lo o Ellos.

Liani = Esposa.

Liren = Fruta que crece en una mata.

Lukiyo = Espi-ritu de la Montana de la Tierra Blanca. Una Montana Sagrada y Bosque en Puerto Rico. Es una corrupcion de la palabra Taino Yukeio'.

M= adj.: Grande.

Mabi' = n: Una Bebida Refrescante y fermentada, hecha de la cascara de la fruta del arbol de Mabi-'.

Maboya = n: Grande Maligno o El Gran Espiritu Maligno.

Mabuya = n: Fantasma.

Macana = n: Garrote, Garrote de Guerra.

Maca = n: arbol.

Macu' = n: Ojos Grandes.

Macuto = n: Cesta honda, hecho de bejucos.

Maguey = n: Gran Sol, un tambor. (Vea la palabra Mayohuaca'n.

Mahite = n: Desdientado o si le faltan dientes.

Maja = n: Culebra grande.

Manaya = n: Hacha, de Piedra.

Manati = n: Vaca Sagrada del Mar, es "Gran Mujer del Grande Espiritu de las Aguas". Tambien se llama Manatee.

Manicato = n: Una persona esforzada, valiente y de buen corazo'n.

Mao = n: peto de Algod'on, para la proteccion del to'rax. Los Maos fueron usa-dos por los Caciques y Sub-caciques. El Mao fue usado en los hombros de los Caciques en sus viajes largos en el mar del Caribe.

Maraca = n: Matraca hecho de Higuera, un instrumento musical.

Matu'm = n: Generosidad, El compartir todo es un noble patron cultural del Taino.

Matu'n = adj.: Generoso.

Mayohuaca'n = n: El Tambor Sagrado Ceremonial Taino. (Vea la palabra Ma-guey.

Mime = n: Mosca Pequena.

Mini = n: Fuente o Quebrada de Agua.

Moin = n: Sangre.

Mu' = n: Cabeza. Vea la palabra Cimu'.

Mucaro = n: Buho, Ave de la noche. El Mucaro es como la aguila De la noche y es un si-mbolo Espiritual muy bueno para los Tainos.

N = Noble Senor.

Na = Cosa.

Naca'n = Centro.

Nagua = Pequena Falda hecha de Algodon blanco, tambien usado hoy en dia por los Hombres Tainos.

Naiboa = El jugo venenoso de la Yuca brava, usado en los ri-os para la pesca. (Vea la palabra Anaiboa.

Naje = Remo, usado para remo en las Canoas o Barcos.

Nana' = Nena.

Nanichi = Mi Corazon o Mi Amo.

Naniki = Espi-ritu o ser activo.

Natiao = Hermano o Hermanos como en una Familia.

Ni = Agua.

Nigua = Insecto, semejante a la pulga, que penetra por la piel de los pies, pone sus huevos y ocasiona picazon y ulceras perniciosas.

O = Montana.

Ocama = Oye.

Oconuco = Finca de Montana.

Operi'to = Muerto o el Espíritu de una persona cuando esta Muerto.

Opi'a = Espíritu. Vea la palabra Hupia.

Osama = Atencion.

Oubao-moin = Isla de Sangre.

Piragua' = Lancha Larga o Lancha de Guerra, Embarcación.

Pu = Color Rojo Escarlata.

Por poco se me olvidan estas palabritas que son muy importante:

Bohío = casas o chozas donde vivían los indios.

Caparra = primera residencia del conquistador, gobernador de Puerto Rico, Juan Ponce de León

Cucubano = insecto volador que despide una luz azulada durante la noche

Jíbaro = nombre con que se conoce a los campesinos puertorrique-ños.

Macana = arma defensiva de los indios, hecha de madera más dura de una especie de palma.

Naborías = indios que trabajaban como siervos para un señor, ya és-te un cacique o colono español

Nitaínos= eran loa indios nobles. = Sub-jefe.

Tambien tenemos la presencia de los Tainos cuando hablamos de instrucmentos:

Guiro- Una parranda sin guiro no es una parranda.

Maracas- Las maracas de dan la clave a nuestra música

Tambol- El tambol es muy importante en nuestra sals.

Alimentos Tainos y todavía consumimos:

Guanime- Guanimes con bacalao.

Arepas- Me encantan las arepas con habihuela.

SE SABES QUE ERES BORICUA CUANDO USAS ESTO REFRANES

Refranes Puertorriños

El vago trabaja doble

En boca cerrada no entran moscas

El camaron que se duerme, se lo lleva la corriente

Mas vale pájaro en mano que cien volando.

Desde se inventaron las excusas, nadie sale culpable.

A caballo regalao nos se le mira los comillos.

Ya los pajaros les tiran a las escopetas.

Mas vale estar solo que mal acompanao.

Hay muchos caciques y pocos indios.

Es mejor dar que recibir.

No dejes para mañana lo que puedas hacer hoy.

No todo lo que brilla es oro.

De tal palo tal astilla.

Haz bien y no mires a quien.

Cuentas claras conserva amistades.

El amor entra por la cocina.

Referencias

1. Real Cédula de 1789 "para el comercio de Negros"
2. Rouse, Irving. The Tainos: Rise and Decline of the People Who Greeted Columbus ISBN 0-300-05696-6.
3. Mahaffy, Cheryl (January 28, 2006). "Vieques Island - What lies beneath". Edmonton Journal. Retrieved February 11, 2006.
4. Figueroa, Ivonne (July 1996). "Taínos". Retrieved March 20, 2006.
5. Pedro Torres. "The Dictionary of the Taíno Language". Taino Inter-Tribal Council Inc. Retrieved February 11, 2006.
6. Brau, Salvador (1894). Puerto Rico y su historia: investigaciones críticas (in Spanish). Valencia, Spain: Francisco Vives Moras. pp. 96–97.
7. Vicente Yañez Pinzón is considered the first appointed governor of Puerto Rico, but he never arrived on the island.
8. PROCLAMATION presented by Dennis O. Freytes, MPA, MHR, BBA, Chair/Facilitator, 500TH Florida Discovery Council Round Table, American Veteran, Community Servant, VP NAUS SE Region; Chair Hispanic Achievers Grant Council
9. Mari, Brenda A. (April 22, 2005). "The Legacy of Añasco: Where the Gods Come to Die". Puerto Rico Herald. Archived from the original on April 27, 2006. Retrieved March 1, 2006.
10. "Taino Tribal Census Registration: A Record of Hope and Survival". La Salita Cafe. Retrieved 28 November 2014.

11. Jones, W.A. "Porto Rico". Catholic Encyclopedia. Retrieved March 4, 2006.

12. "Religion". Puerto Rico: A Guide to the Island of Boriquén. Federal Writers Project. 1940. Retrieved March 6, 2006.

13. Hispanic Firsts, by, Nicolas Kanellos, publisher Visible Ink Press; ISBN 0-7876-0519-0; p.40

14. "La Fortaleza/San Juan National Historic Site, Puerto Rico". National Park Service. Archived from the original on February 8, 2006. Retrieved March 1, 2006.

15. Miller, Paul G. (1947). Historias de Puerto Rico,221–237.

16. "The Life of Sir Francis Drake". July 20, 2004. Retrieved March 1, 2006.

17. The exact number of ships and troops is presently uncertain. The number of ships varies from 60 to 64 ships and the number of troops varies from 7,000 to 13,000. No exact number of ships is given by British accounts. For more information see Alonso, María M., and The Eighteenth Century Caribbean & The British Attack on Puerto Rico in 1797 ISBN 1-881713-20-2.

18. Alonso, María M. "Chapter XIV - Abercromby's Siege" (PDF). The Eighteenth Century Caribbean & The British Attack on Puerto Rico in 1797. Retrieved February 28, 2006.

19. Caro Costas, Aida R. (1980). Antología de Lecturas de Historia de Puerto Rico (Siglos XV-XVIII), p. 467.

20. Abbad y Lasierra, Iñigo. Historia Geográfica, Civil y Política de Puerto Rico (in Spanish). S.l.: Univ of Puerto Rico Pr. ISBN 0-8477-0800-4.

21. Interview of Thomas Ellingwood Fortin, Producer, NEW ALBION PICTURES

22. Words from Pres. Ronald Reagan

23. "Aspectos políticos en Puerto Rico: 1765–1837" (in Spanish). Retrieved March 4, 2006.

24. 150th. Anniversary of the Foundation of Arroyo, Puerto Rico

25. NY/Latino Journal; Taking the PE Out of PRT; by: Rafael Merino Cortes; July 20, 2006

26. "Slave revolts in Puerto Rico: conspiracies and uprisings, 1795-1873"; by: Guillermo A. Baralt; Publisher Markus Wiener Publishers; ISBN 1-55876-463-1, ISBN 978-1-55876-463-7

27. Grose, Howard B., Advance in the Antilles; the new era in Cuba and Porto Rico, OCLC 1445643 (These clauses included that slaves were required to continue working for three more years and that the owners would be compensated 35 million pesetas per slave.)

28. Negroni, Héctor Andrés (1992). Historia militar de Puerto Rico (in Spanish). Societal Stately Quinto Centenario. ISBN 978-84-7844-138-9.

29. "Chronology of Puerto Rico in the Spanish-American War". Library of Congress. Retrieved March 10, 2006.

30. This legislature consisted of a Council of Administration with eight elected and seven appointed members, and a Chamber of Representatives with one member for every 25,000 inhabitants.

31. Strategy as Politics by Jorge Rodriguez Beruff; Publisher: La Editorial; Universidad de Puerto Rico; page 7; ISBN 978-0-8477-0160-5

32. "The World of 1898: The Spanish-American War". Hispanic Division, Library of Congress. Retrieved 2008-08-03.

33. "Military Government in Puerto Rico". Library of Congress. Retrieved March 26, 2006.

34. Blackburn Moreno, Ronald (February 2001). "Brief Chronology of Puerto Rico" (PDF). ASPIRA Association, Inc. Archived from the original (PDF) on February 17, 2006. Retrieved February 11, 2006.

35. My aunt Luz E. Pagan Rodriguez,
My uncle Ramon L. Pagan Rodriguez
My father Juan J. Pagan Rodriguez
My Grandmother Ceferina Figueroa Bello

My Grandmother Guadalupe Rodriguez Quiles
Told me many stories about Puerto Rico
& my FAMILY

36. A Loving Approach to Dementia Care: Making Meaningful Connections with the Person Who Has Alzheimer... by Laura Wayman

37. The 36-Hour Day: A Family Guide to Caring for People Who Have Alzheimer Disease, Related Dementias... by Nancy L. Mace

38. Creating Moments of Joy for the Person with Alzheimer's or Dementia: A Journal for Caregivers, Fourth Edition by Jolene Brackey

39. Learning to Speak Alzheimer's: A Groundbreaking Approach for Everyone Dealing with the Disease By Joanne Koenig Coste-

40. The 36-Hour Day: A Family Guide to Caring for People Who Have Alzheimer Disease, Related Dementias, and Memory Loss by Nancy L. Mace

41. Thoughtful Dementia Care: Understanding the Dementia Experience by Jennifer Ghent-Fuller

42. Activities to do with Your Parent who has Alzheimer's Dementia by Judith A. Levy EdM...

43. An Unintended Journey: A Caregiver's Guide to Dementia by Janet Yagoda Shagam

44. How to Help Your Friend with Cancer By Colleen Fulbright

45. Breast Cancer Journey

The Essential Guide to Treatment and Recovery
Edited by Ruth O'Regan, edited by Sheryl G. A. Gabram, Edited by Terri Ades, Edited by Rick Alteri, edited by Joan L. Kramer, Edited by Kimberly A. Stump-Sutliff

Sobre la Autora

Norma Iris Pagan Morales nacio en Ponce, Puerto Rico. Ella biene de una familia muy amorosa. Sus padres, Juan Jose Pagan Rodriguez, y Digna Morales Figueroa, ya fallecidos, siempre la apoyaron con todos su projectos como escritora y profesora. Norma tenia dos hermanos y una hermana. Su hermana, Adelin Milagros Pagan Morales fallecio en febrero 17, 2023 y sus hermano Julio Manuel Pagan Morales, fallecio en septiembre 19, 1998.Ahora solo tiene a Juan Jose Pagan Morales que es tambien conocido como un gran artista de pintura.Norma hizo todos sus studio academic en Nueva York, Puerto Rico y Canada.

Ella trabajo en la Police de Nueva York. Como educadora, trabajo en el Departamento de Educacion en NY y Puerto Rico. Su ultimo empleo fue en la Guardia Nacional de Puerto Rico,

Norma ha publicado trece libros: Proud of My Puerto Rican Bequest, ¿Porque Soy Boricua? Poemas del Alma, Art in Written Form, A Baffling Short Stories Collection, On Job in the Big Apple, Puerto Rican

Soldiers Serving with Pride, Nature's Rage in the Caribbean, Boricua de Pura Cepa, You are the One, The Unfaithfuls, Christopher Columbus and Violence in the City.

www.ingramcontent.com/pod-product-compliance
Lightning Source LLC
Chambersburg PA
CBHW021614120626
46545CB00001B/226